创新驱动发展战略的本根规定研究

刘爱文
杨宏伟 著

Chuangxin Qudong Fazhan
Zhanlue de
Bengen Guiding Yanjiu

中国财经出版传媒集团
中国财政经济出版社

图书在版编目（CIP）数据

创新驱动发展战略的本根规定研究／刘爱文，杨宏伟著. --北京：中国财政经济出版社，2021.11

ISBN 978-7-5223-0865-4

Ⅰ.①创… Ⅱ.①刘… ②杨… Ⅲ.①国家创新系统-发展战略-研究-中国 Ⅳ.①F204②G322.0

中国版本图书馆 CIP 数据核字（2021）第 217374 号

责任编辑：王　芳　　　　责任校对：张　凡

封面设计：思梵星尚　　　　责任印制：党　辉

创新驱动发展战略的本根规定研究

CHUANGXIN QUDONG FAZHAN ZHANLUE DE BENGEN GUIDING YANJIU

中国财政经济出版社 出版

URL：http：//www.cfeph.cn

E-mail：cfeph@cfeph.cn

社址：北京市海淀区阜成路甲 28 号　邮政编码：100142

营销中心电话：010-88191522

天猫网店：中国财政经济出版社旗舰店

网址：https：//zgczjjcbs.tmall.com

北京财经印刷厂印刷　各地新华书店经销

成品尺寸：170mm×240mm　16 开　14 印张　173 000 字

2021 年 11 月第 1 版　2021 年 11 月北京第 1 次印刷

定价：56.00 元

ISBN 978-7-5223-0865-4

（图书出现印装问题，本社负责调换，电话：010-88190548）

本社质量投诉电话：010-88190744

打击盗版举报热线：010-88191661　QQ：2242791300

前　言

党的十八大首次提出自主创新的问题，即“坚持走中国特色自主创新道路、实施创新驱动发展战略”，是中央领导集体准确研判国内外经济情势及其变动趋势后，做出的面向新的历史发展阶段的重大战略决策。2016年5月19日，国家又印发了《国家创新驱动发展战略纲要》，这份纲领性文件对于我国创新驱动发展做出了顶层设计和整体部署，目的在于使创新驱动发展战略落到实处。党的十九届五中全会进一步强调，“把科技自立自强作为国家发展的战略支撑”。2021年5月28日，习近平总书记在“两院”院士大会发表重要讲话，突出强调通过创新驱动实现高水平科技自立自强，并将后者作为新发展格局最本质的特征。由此可见，创新驱动发展战略的民族导向，对于加快推进我国社会主义现代化、实现“两个一百年”奋斗目标和中华民族伟大复兴的中国梦，都具有举足轻重的作用。

为更好地贯彻实施该战略，首要任务就是必须全面深入地把握该战略的内在价值取向。为此，本书基于马克思主义唯物史观，采用生成学研究方法，深入探讨创新驱动发展战略的生成逻辑与发展路向，一方面有助于我们捋清该战略生成的情境脉络，厘定其本末源流的关系，进而确立科技创新的正确发展方向；另一方面也有助于我们提高对创新驱动发展战略的认识，坚定实施该战略的理论信念。因此，研究创新驱动发展战略的生成逻辑与发展逻辑，具有十分重要的理论意义和实践价值。本书重点不在于探讨其具体内涵，真正目的在于探索创新驱动发展战略的背后支撑，深入挖掘其内在本质。为此，基于生成路径，本书内容体系主要是针对创新驱动发展战略的理论源基，该战略从哪儿来，如何来以及到哪儿去四个问题的探讨进行架构。第一个问题：从人类历史的角度来看，作为创新驱动发展战略内核的技术创新经历了哪些发展形态？作为其最新发展形态，如何评价市场经济条件下技术创新的价值？这个问题试图探讨技术创新的历史缘起及其嵌入的社会情境，以及技术创新在市场经济条件下价值评价的实然取向与应然取向，由此确立创新驱动发展战略的历史定位及其价值导向。第二个问题：创新驱动发展战略从哪儿来？这里是指探寻市场经济条件下该战略生发的源头，本书试图从历史依归、自然依归以及民主依归等三个视角阐释该战略的由来及其出发点。第三个问题：创新驱动发展战略是怎么来的？本书主要从历史生成、系统生成、精神现象生成等三阶逻辑探讨我国创新驱动发展战略的不同形成途径。最后一个问题：创新驱动发展战略到哪里去？本书试图从创新主体、创新主权和创新主导三个方面转向探讨我国创新驱动发展战略的中国特色社会主义的价值取向。通过对这些问题的回答，创新驱动发展战略的深层次的范畴规定得以凸显。

本书第一篇是在人类有史以来的境域中探讨创新驱动发展战略，主要探讨创新驱动发展战略的哲学价值取向，目的是夯实该战略深层规定的范式基础。作为创新驱动发展战略的内核，技术的主体与客体之间的互动关系使得技术的社会规定性日益丰富，这种不断复杂化的技术依次呈现为自在状态、自为状态和自在自为状态，这些转变纽结为技术的朴素整体论、构成系统论和生成总体论等。由于技术的合目的性及可验证性特征，因此，技术的本质最终体现为一种实践性的知识体系。工业革命建立起来的机器大工业革新了技术创新的物质基础，技术创新又深刻地改变了人类社会的历史进程，然而，与之相伴随的技术伦理问题也层出不穷，因此，我们需要从价值对象性这个本源视角重新反思技术创新异化问题，确证技术是为人类而存在，没有超脱于人类或人类意识之外的技术创新。作为人类与自然之间进行物质能量交换的中介活动，技术创新内在具有提升人类整体的价值导向。事实上，从人类历史不断前进的趋势来说，技术创新过程正是人类不断向自由王国进发、实现自身自由解放的历史进程。

作为创新驱动发展战略的内核，技术其本身是怎样形成的，又是如何演变的？我们首先应该从整个人类历史角度确立其哲学根基，阐释其生发之源。按照马克思历史唯物主义的观点，作为历史范畴的技术孕育于特定的社会生产方式，归根结底就是受制于社会生产力决定的经济基础。然而，作为意识形态，我们的技术观是第二性的，同样是受制于物质基础，由于意识、立场等因素影响，技术观并不总能正确地反映技术本身；当然，这符合人的认识规律，即通过不断地否定先前的技术认识，从而不断加深对技术的认识，“规定即否定”，每次否定都意味着规定性的进一步丰富，对技术的认识也就更深入一步，这种辩证认识过程是正确认识技术的基本途径。在历史长河中，人类社会经历了蒙昧时代、野蛮时代和文明时代，生产方式也迥然不同，因此，我们分析技术哲学根基演变就必须紧扣这些生产方式的差异。

农耕时代自然经济占据主导地位，生产力水平低下，小农生产方式为主体，技术作为一种技艺、诀窍而存在，小农生产方式的封闭性使得技术仅为少数人的专利，人们对技术的认知尚蒙有一种神秘的色彩。尽管当时人们对技术的内在机理缺乏清晰认识，但是保持了朴素的、粗糙的整体认识的视角，这是技术朴素整体论的由来。大工业时代生产力得到极大提高，社会化机器大生产方式瓦解了先前神秘的技术，那些技艺已经被系列化、标准化的机器操作工艺所取代，盛行的功利主义使得人们对技术的认识出现异化，部分学者将技术还原为单纯客体，仅是一种工具性存在，本身不赋予价值，工具性的技术自然改善我们的生活，这是工具论的基调。部分学者又过度抬高技术，将人类创造的技术放到主体位置，技术本身被赋予了意义价值的色彩，复杂的技术体系支配了人们的行为，这是实体论的基调。无论是工具论还是实体论，都是科学主义基础上形成的技术构成系统论。

后工业时代生产力更加发达，信息技术基础上出现了去工业化的趋势，极大地影响了人们的生产方式，尤其是交往方式。先前技术给人们生活带来了利弊两端的诸多冲击，再次引起人们对技术本质的反思。学者们对技术进行了多方面批判，比如新技术批判理论，然而，这些技术批判理论是“新瓶装旧酒”，依然没有逃离将技术抽脱出来单独构型的窠臼。事实上，在后现代社会语境中我们不但需要对技术作总体性理解，更要将技术看成是一种运动。技术并不神秘，我们没有必要刻意地将技术孤立起来，从而抽象地理解技术；更不必将技术与生活割裂开来，将技术看成远离我们普通人的事物。技术是为人而存在的，它来源于生活又创造了生活，正是由于人们永无止境地追求精致生活，从而生发了技术，技术就是生活，生活就是技术，技术与社会生产生活相融相生。因此，技术代表一种生产生活方式。未来社会里，技术像劳动一样会成为一种需要，它本质上代表着人的解放，一方面从自然界中解放出来，另一方面从不合理的社会关系中解放出来，这就是技术生成总体论所要表达的一个观点。

在解决了技术的哲学根基问题之后，我们进一步追问，技术创新的意义何在？实际上，技术创新的价值对象性研究，其目的就在于澄清技术创新对于人类社会的意义。对象化活动是人类社会所特有的，对象化表明人的知情意的物化过程，也即表明作为主体存在的人的能动、本质的力量由潜在形式转化为实存形式，这种实存形式即为主体对象化活动创造的客体。然而，日益增强的人的能动、本质力量源自哪里？这里又必须提及对象化的对立面——非对象化，它是指对象，也就是对象化活动创造出来的客体转化为主体的能动、本质的力量，使客体由其自在或实存形式转化为主体的潜在形式或潜能。正是在对象性活动中，对象化和非对象化达到具体的同一。就技术创新而言，技术创新价值主体的情感意志等借助对象化活动凝结在技术创新的客体中，技术创新的价值客体借助非对象化活动强化技术创新主体的存在或者提供技术创新活动的平台。因此，对象化活动赋予技术创新以价值属性，通过对象化活动联结了技术创新的价值主体与价值客体，技术创新的价值对象化是价值主体向价值客体的转化；相反，价值客体的非对象化并不是技术创新的价值客体的丧失，而是价值客体向价值主体的转化。

技术创新的价值主体客体化和价值客体主体化，表明了技术创新的价值主体与价值客体的划分并不是绝对的，它们的区别是相对的、有条件的，只在特定的语境下才能成立，这就体现了技术创新的价值主体与价值客体的多维性。价值对象性不是通过一两次实践活动就一劳永逸地获得，它需要通过循环往复、难以计数的实践活动才能获得。在技术创新实践活动中，新的需要不断涌现，相应地，这些需要也不断通过技术创新实践活动而不断得到满足。我们必须秉持技术创新的价值整体性、发展性的观点进行价值评价，只有那些符合人类社会历史前进方向的技术创新的价值才能得到彰显，技术创新才能源源不断地出现。这就涉及创新驱动发展战略的价值导向问题，因而也就解决了技术创新是“为谁服务”的问题。事实上，技术创新不断推进的趋势，实质就是人类自身不断逼近自由王国，实现自我以及自由解放的重要源泉和历史过程；这也是符合技术创新是为人类而存在，因而是从属于人类、服务于人类这个本质的。

本书第二篇主要是在资本主义建立以来的历史情境中探讨创新驱动发展战略，试图探讨创新驱动发展战略依循何处的问题，即从历史、自然和社会三个维度捋清资本主义技术创新的演变路径，目的是确立我国实施创新驱动发展战略的出发点。首先，我们需要在资本主义历史规定性基础上正确探讨社会历史形态与技术创新之间的内在关系：技术创新是社会化大生产的产物，作为人类历史上第一个现代化生产方式，资本主义社会是技术创新的源头，资本主义不同发展阶段，技术创新内涵也各不相同，此即创新驱动发展战略历史依归内涵。其次，全球普遍面临的生态超载现实迫使人们反思先前的经济增长模式，这种罔顾自然环境破坏而发展经济的做法已经难以为继。创新驱动发展战略的提出正是因应上述状况，强调经济发展中自然环境的重要性，技术创新应遵循自然本位。最后，通过技术创新的历史回顾，技术创新参与主体经历了一个逐渐扩张的历史轨迹。在资本主义不同历史分期，生产者、用户和相关利益者分别主导了各个阶段的技术创新过程。创新主体范围的扩张确证了技术创新过程中创新主体的民主化导向原则。

具体而言，我们需要从资本主义生产方式范围内探讨创新驱动发展战略的出发点和落脚点问题，我们首先需要对该战略进行溯源。“生产组织创新→生产过程创新→生产模式创新”这样一个创新内涵的演变序列是一个自然历史的过程，它反映出资本主义内在矛盾在技术创新领域的激荡转化。在生产力与生产关系对立统一运动的基础上，资本运动与社会有机体相互协同作用，其结果导致资本积累方式不断转变，即由商业资本积累方式转变到产业资本积累方式，最终归结为金融资本积累方式。与此相适应，作为资本积累推手的技术创新，其内涵也必须不断改变。然而，这种技术创新是建立在资本主义制度基础上，它服务于资本家最大限度地获取剩余价值这个狭隘目的，这就造成了技术创新的制度瓶颈，技术创新也就具有急功近利、盲目短视等缺点，最终引起诸如技术创新迟缓以及层出不穷的科技伦理等问题，因此，资本主义制度的性质最终决定了技术创新的性质和发展空间。

事实上，就历史范畴而言，技术创新本质上是社会化生产方式的产物；而就其作为生产力的范畴而言，其本身又是中性的，无关社会形态。作为更高的人类文明，我国社会主义制度的性质摒弃了资本主义狭隘的生产关系基础，决定了我国技术创新由先前服务于资本转向服务于人民的轨道，因此，将创新驱动提高到国家发展战略的高度体现了社会主义制度特有的优越性，创新驱动发展战略为技术创新开辟了蓬勃发展的康庄大道。作为一个尚处于社会主义初级阶段的发展中国家，我国面临的历史任务是快速发展社会生产力，这决定了我们还必须利用资本主义社会所创造的一切文明成果，包括培育技术创新的市场和资本环境等，但它们已经不是自发的、盲目的市场和资本，而是受控于人民政府的市场和受限的资本，最终将我国建设成为科技高度发达的社会主义国家。综上所述，创新驱动发展战略的历史依归主要是确立它的历史出发点及其归宿，即该战略必须立足于资本主义技术创新历史发展的基础上，充分吸收技术创新历史发展进程中的一切文明成果，使技术创新更好地促进社会主义经济建设，从而更好地服务于我国人民日益增长的美好生活需要。

除此之外，资本主义生产方式还会遭遇到自然环境的制约，这就提出了创新驱动发展战略的自然依归问题，即从环境问题出发探讨该战略的缘起。生态系统是开展一切经济活动的载体或母体，伤害地力生态承载力的杀鸡取卵、涸泽而渔的生产方式，必然损害环境的自然价值。因此，我国实施创新驱动，必须坚持自然本位，保证经济系统与生态系统进行的吞吐量应是生态可持续的，至少有以下几点要求：首先要求实施稳态经济技术创新进路，在生态阈值范围内进行技术创新，与自然和谐相处、良性互动。其次，要求顺其自然，切忌一哄而上，因我国地区生态资源差异极大，需要因地制宜地实施绿色技术创新，发展绿色 GDP，实施循环经济战略。再次，要求改变生产方式，创新驱动主要针对可能性领域，目的是要提高生产潜能，例如第二次世界大战后日本快速崛起，主要因为拥有丰富的知识技术储备这种生产潜能，因此需要优化经济结构而非总量，既注重量的增长更注重质的发展，转变穷尽地力的增长方式，可以学习俄罗斯和北欧国家的“藏富于地”的发展方式。最后，要求改变生活方式，摒弃消费主义生活方式，克制自己的物质欲望，勿为物欲所牵制，基本物质需求满足以后，引导人们的需求转向追求精神层面需求。在实施创新驱动发展战略中，只有坚持自然本位，才能生发出源源不断的发展动力。正如世界自然基金会全球总干事吉姆·利普说：“中国正处在一个转折点。中国今天在消费、生产、投资贸易以及经营其自然资本方面作出的选择将决定这个国家的未来。”

创新驱动发展战略的自然历史发展昭示我们，创新驱动应该是人民的事业，这就涉及一个创新主体的转变问题，即阐释创新驱动发展战略参与主体的民主化过程。创新驱动以精英创新为肇端，历经生产者创新、用户创新以及相关利益者创新，最终归结为全民创新。它们分别对应三种不同的社会形态的演变，精英创新为前资本主义社会的典型形态，精英集团创新体现为资本主义社会的形态，而全民创新表现出共产主义社会的典型特征。当然，每一个社会内部又可将创新类型细分，如资本主义社会内部就可从生产者角度、用户角度以及相关利益者角度，将创新分为各种不同的创新类型。而每一次创新形态的变化，都意味着生产力的极大飞跃。由于创新是一项社会系统性工程，私有制基础上的创新行为拓展了创新参与主体的范围，越来越广泛的人群参与到创新活动中来，这就要求创新的民主化程度越来越高，而建立在私人利益基础上的创新一方面大幅提高了社会生产力；另一方面又限制了社会生产力更大幅度的提高，因此，创新最终将归宿为共产主义社会的全民创新。参与创新的主体民主化、社会化和大众化的趋势为我们实施创新驱动发展战略提供了依据，因此我们必须秉承以人民为中心的宗旨，“一切为了人民，一切依靠人民”是我们制定创新驱动发展战略的目的、出发点和力量源泉；“从人民中来，到人民中去”则是我们开展创新驱动发展战略的工作方法，我们要善于发现人民群众的首创精神，它为创新驱动发展战略提供了源源不断的动力，因此，人民为创新驱动发展战略奠定了坚实的群众基础。从广大人民利益出发，坚决杜绝违背伦理道德的创新行为，创新驱动发展战略就能够取得成功。

总之，技术创新作为一种合目的性的对象性活动，是一种既得的社会力量，其性质取决于生产方式性质。创新来源于历史、来源于生活、来源于人民，它应尊重历史、改善生活和服务人民。中共中央、国务院提出加快创新驱动发展战略的实施，开创“万众创新，万人创业”的生动活泼局面，高度体现了创新驱动发展战略的以下一些特点：创新驱动发展战略是人民的事业，它的主体是人民，它的技术基础是信息技术基础上发展起来的人工智能技术（当前以“互联网 +”为代表），技术创新的源泉是人民的社会实践，其载体是全体人民的人力资源，它的表现领域是智慧城市，创新的最终目的是满足人民日益增长的美好生活的需要。

本书第三篇是在新中国成立以来的情境中探讨创新驱动发展战略，主要探讨我国创新驱动发展战略如何生成的问题，即从历史、系统、精神现象等三阶生成逻辑探讨该战略。创新驱动发展战略的历史逻辑主要从历史广角来看该战略的生成，即新中国不同历史时期面临主要矛盾以及相应战略任务各不相同，创新驱动发展战略正是解决新时代中国特色社会主义面临的主要矛盾的产物。创新驱动发展战略的系统逻辑则是对该战略进行定格研究，从两个不同尺度的循环系统来看待该战略经济系统的嵌入性，即

“创新驱动供给侧”所形成的内部经济循环系统，以及“供给侧（创新驱动）一带一路”所形成的外部经济循环系统。创新驱动发展战略的精神现象逻辑主要是从意识形态层面看待该战略的构成要素，主要探讨诸如企业家精神与群众首创精神、创意思维与工匠思维、利己主义与利他主义、内卷意识与外卷意识四对精神现象范畴之间的对立统一关系。

创新不但是人类社会整体演进的引擎，而且是特定社会不同阶段演进的发动机；创新驱动发展战略的历史逻辑告诉我们，创新驱动是一个建立在高度发达的商品经济或市场经济基础上的历史范畴。从这个意义上讲，市场经济是创新驱动的一般前提，由此推知，创新驱动发展战略既是新中国经济形态社会演进的物质技术基础，也是其不同经济形态社会的生产关系基础。新中国成立之初，面对当时国内外的情形，选择了计划驱动的经济赶超方式，这是当时实现以工业化为内涵的经济现代化的必经之路。在这里，我们具体考察了国民经济恢复时期、社会主义改造时期以及社会主义建设时期，我国通过指令性计划发展自主科技，然而，制定计划的主观唯意志论，也导致赶超模式下经济的剧烈波动。随着计划经济模式的僵化，其弊端也日益明显，由此，改革开放成为中国特色社会主义发展新战略，市场化改革得以推进。以 1992 年党的十四大召开、2001 年加入 WTO 为时间节点，改革开放被分为市场引入阶段、国内市场形成阶段和全面开放市场阶段，我国科技创新也因模仿创新和跟踪创新，极大地促进了我国经济高速增长。然而，单纯市场驱动经济增长方式使得资源环境难以为继，经济随之进入新常态，这意味着中国特色社会主义进入了新时代，科技创新不但要成为我国经济高质量发展的关键，而且将构筑为我国经济生活自身，而这就有赖于市场与政府有机结合的国家治理能力的提高，它将极大地推动我国经济高质量转型。

作为我国社会经济发展动力的新支撑，创新驱动发展战略有其自身的内核和外延，它们共同形成了创新驱动发展战略的有机结构系统。作为一个系统范畴，创新驱动发展战略是新时代我国总体经济发展战略中的重要一环，它们之间会形成不同的依存关系；系统生成逻辑是建立在历史生成逻辑基础上，又对其后生成逻辑起支撑作用，因此，它们就构筑成为创新驱动发展战略的环环相扣的生成系统。按照系统生成逻辑，本书试图从科技创新、机制创新以及环境创新三重逻辑进路来诠释创新驱动发展战略。作为逻辑起点，科技创新分解为科学创新和技术创新，后者催生产业创新，技术产业范式转变改变了供给侧结构，这条科技创新的逻辑进路构筑为创新驱动发展战略的内核。在我国供给侧结构性改革基础上，体制机制创新作用凸显，它可使我国科学技术向“一带一路”沿线地区梯度转移或扩散，同时也为沿线地区的创新要素进入中国创造了条件，这种机制创新的逻辑进路构筑为创新驱动发展战略的外延。从两个不同尺度的循环系统来看待该战略经济系统的嵌入性，即“创新驱动→供给侧”所形成的内部经济循环系统，以及“创新驱动→一带一路”所形成的外部经济循环系统。作为上述两者的总体生成，创新驱动发展战略会形成不同尺度的创新空间，借助环境创新的逻辑进路，不同创新空间发生转换，最终将创新策源地归结为国内创新生态，即生态逻辑：创新驱动→制度创新。

作为经济基础的构件之一，创新驱动发展战略也体现为与经济基础相适应的社会意识。而就精神现象范畴来说，创新驱动发展战略涵容了一系列相互对立的意识形态。为了正确认识创新驱动发展战略，本书紧密联系我国基本经济制度，从创新驱动发展战略的创新精神、创新思维、创新价值以及创新意识等维度选择了四组对立统一的精神范畴：企业家精神和群众首创精神、创新思维和工匠思维、利己主义和利他主义以及内卷意识和外卷意识等，从精神现象层面重新诠释创新驱动发展战略。具体而言，企业家精神为追求超额利润而进行创新的意识，群众首创精神则主张人民群众创新的源泉；创意思维在于打破常规另辟蹊径解决问题的精神，工匠精神强调熟能生巧的创新思维。积极利己主义通过利己不损人来推动创新的意识，利他主义则以公共利益为依归而进行创新的意识。内卷意识是指在旧的生产方式上不断加大投入而进行精细化生产的创新意识。外卷意识则指特定社会创新过程中不断纳入新创新要素的创新意识。这些对立统一的精神现象范畴的每一方都能提供创新驱动发展战略所需的元素，但又都有其自身局限性，创新驱动发展战略能够在实施过程中，贯通看似相对对立的精神现象形态；精神现象生成逻辑是直接建立在系统生成逻辑基础上，最终它又成为其他生成逻辑的归宿，因此，这些范畴体系的对立统一关系就构成了创新驱动发展战略的精神现象生成逻辑。

本书第四篇是在中国特色社会主义的情境中探讨创新驱动发展战略，主要探讨创新驱动发展战略的归宿问题，即该战略最终要落脚在何处，它对我国科技创新形成了哪些具体指导原则取向。作为历史范畴的科技创新主体、主权和主导，内在地契合马克思主义总体性思想，因而成为我国科技创新发展路向的三大规定，具体表现在：首先，就创新主体而言，在社会主义初级阶段，公有制经济和非公有制经济的辩证关系成为我国科技创新主体转化的内在依据。其次，就创新主权而言，新中国的技术经济发展战略随着经济现代化过程的推进，我国科学技术经历了一个自主创新转向他主创新，最后又转向中国特色自主创新的过程，可见，经济发展战略的适时调整成为我国科技创新主权转化的内在依据。最后，在市场化取向的改革开放过程中，政府与市场关系的矛盾运动成为我国科技创新主导转化的内在依据。

科技创新的主体问题是科技创新发展路向上的重要问题，也是科技创新的基础。社会分工的不断发展使得创新主体问题的产生成为必然，历史观的差异在科技创新主体上表现为两种创新主体观——精英创新和群众创新。因为经济基础的差异，不同的社会形态所涵容的创新主体也不尽相同。纯粹意义上的精英创新和群众创新的经济基础并不相同，前者实质是一种建立在经济利益对抗基础上的小众创新，后者则是建立在根本利益一致基础上的。精英创新诞生于脑体分工和私有制经济基础之上，其形成是一个自然的历史过程。以石器为生产工具的原始社会，生产力极其低下，人类尚处于蒙昧和野蛮状态，在这种历史条件下科技创新不存在社会基础；奴隶社会和封建社会出现了脑力劳动和体力劳动的分工，这个阶段的脑力劳动更多活跃于政治领域或上层建筑，这也为精英创新提供了一般前提；在资本主义剩余价值规律的作用下，科技应用于资本主义大工业，在这样的社会大背景下，能够从事科技创新的是依附于资产阶级的知识分子，这种状态是典型的精英创新。我国精英创新兴起的经济基础是中国特色社会主义经济的蓬勃发展。从改革开放到中国特色社会主义市场经济初步确定，再到我国加入 WTO，可以将我国市场化进程划分为市场广化、市场深化、市场外化三阶段，也分别对应了精英创新的早期逻辑、中期逻辑、晚期逻辑。我国精英创新的早期逻辑，科技创新游离于社会经济循环之外，科技创新形成了内循环，并与市场需求严重脱节；精英创新的中期逻辑则是通过技术引进进而跟踪仿研仿制；加入 WTO 后的晚期逻辑阶段，仿研仿制已经难以保证企业获得平均利润，为获得竞争优势必须进行自主创新。经济体制改革和高等教育的飞速发展又使得精英创新向涵容精英创新的群众创新转变。

科技创新主权问题关系到民族国家的经济独立，拥有国际前沿尖端科技是确保创新主权的前提基础，而垄断这些科技则是西方霸权的物质技术基础，由此就涉及自主创新与非自主创新等范畴，后者又包括他主创新与主他创新等范畴，这些范畴也在我国历史上都有过重要影响。新中国成立后的前改革开放时期，我国科技创新主要是服务于国防军工科技发展需要的，其中以“两弹一星”为代表的军工创新，为我国国家主权的独立和完整工业化体系打下了良好的基础，因此，这个阶段科技创新的典型特征是军工导向的自主创新。20 世纪 80 年代前后，和平与发展成为时代新主题，“一个中心，两个基本点”也就成为我国社会主义初级阶段的核心内容，其中改革开放新战略要求党和政府必须坚持以经济建设为中心的工作路线。然而，前期军工导向的自主创新最终扭曲了我国的经济结构和产业结构，这意味着军工领域的科技创新难以转化为民生领域的科技创新，民生领域的科技创新不得不通过引进外部技术进行模仿跟踪创新，即以他主创新为主，民生导向的他主创新成为改革开放科技创新的典型特征。历史进到了中国特色社会主义新时代，他主创新的瓶颈效应越来越强烈，它已经难以支撑我国经济的高质量发展。在这种背景下，我国强调推进中国特色自主创新。中国特色自主创新是一种高品质的综合创新，既有机统一先前的自主创新与他主创新，也综合民生领域创新与军工领域创新，通过它们之间水乳交融、互促互推的科技创新，推动我国经济高质量发展。

创新主体和主义问题阐释清楚之后，现在问题就落脚在创新主导上面了。伴随着工业现代化进程的推进，谁来主导就至关重要。在资本主义社会，由于市场经济发达，科技创新主要是由市场支配完成，然而，伴随资本主义不同历史分期，创新形态也表现为离散创新、关联创新和协同创新等不同类型，可见，资本主义科技创新总体上是市场创新主导的结果。作为一个发展中的社会主义国家，新中国的不同发展阶段面临不同的工业现代化任务，从而他们对政府与市场的要求也各不相同，我国前改革开放时期，科技创新主要是由政府计划主宰，这有助于我国快速实现以重工业化为内涵的经济现代化。随着改革开放的推进，市场化成为我国科技创新的主导形式，以加入 WTO 为界，我国科技创新又分为内部市场主导的科技创新和外部市场主导的科技创新，总体而言，这个阶段的科技创新主要呈现离散化创新状态。随着中国特色社会主义新时代的来临，市场创新主导的离散创新已经难以推动我国经济高质量发展，市场协同创新应成为新时代我国科技创新的主导形式，它是涵容政府主导和市场主导的高质量协同创新。在新时代情境中，科技创新正确航向的锚定，既是坚持走中国特色自主创新道路的内在要求，更是“加快建设创新型国家”最为重要的工作前提。可见，政府与市场关系的矛盾运动造就了科技创新主导转向的内在依据。

作 者
2021 年 10 月

目　录

第一篇

创新驱动发展战略的价值向度

众所周知，在与自然界长期共存过程中，有一类古猿学会了制造和使用生产工具，这是人猿相揖别的开端，也是人类脱离狭义动物界的根本标志。作为生产工具制造和使用的思维产物，技术（创新）在人类长期的生产劳动和社会实践活动过程中，其自身被不断地、合目的地日臻完善，而技术效率提高能够最大限度地节约人类劳动时间；与此同时，技术的进步不但为人类自身的日益进化提供了内在精神条件，最终也为人类进入文明社会提供了外在物质基础。由此可见，技术（创新）是为促进人类整体发展需要而产生的，其本义也应是为人而不断完善的，因此，人类整体的生存和可持续发展应成为技术（创新）的价值追求。然而，人类文明社会是以阶级对立为开端的，阶级斗争使得社会经济形态不断发生变革，特别是到了资本主义社会，阶级经济利益的对抗扭曲了技术（创新）的本性，技术效率支撑的伦理价值仅仅体现了统治阶级集团的利益诉求。在技术工具理性的统治下，技术本应有的人类解放的价值追求完全被漠视，技术（创新）完全沦为资产阶级攫取巨额利润的手段和工具。我国正处于中国特色社会主义新时代，创新驱动发展战略的提出，正是为了使技术（创新）服务于人的全面发展，重建技术（创新）与伦理价值的内在关系，确保技术（创新）与人类整体的全面发展步调一致，此即为创新驱动发展战略伦理价值的应有内涵。由此可见，抽象的、超历史的、超阶级的技术（创新）伦理价值观从来就不存在，技术（创新）是根植于具体社会的生产方式。

第 1 章　技术之基的流变

技术的历史非常悠长，它伴随人类社会的始终。从旧石器时代开始，技术就嵌入了人类社会的发展进程，我们对它有着非常直观的感受，它既古老又现代：石器时代打磨的石子，现代工厂运转的机器体系，乃至我们日常所遨游的因特网等，无不负载了技术的印迹，可以说，技术全面渗入我们的日常生活，改变了我们的生产方式以及与之相伴随的生活方式。但是，由于社会实践和受其制约的人的思维能力的局限，人们对技术的认识却经历了非常曲折的历史进程。随着人类社会实践水平的不断提高，人们在逐渐揭去技术的物质表象，从而不断解蔽技术的内核。

第 1 节　农耕时代的技术朴素整体论

从一定意义上讲，技术的起源等同于人类的起源。在远古的荒漠里，生存条件异常艰苦，早期人类采取群居的生活方式，顽强地与大自然搏斗，以获取必要的生存资料。在这个漫长的人类历史进程中，具有决定性意义的一环便是简单工具的制作和使用。这种有意识的活动使得人和一般动物开始分立，作为“类”的人逐渐脱离一般动物范畴。从这个意义上来说，人类开始制作、使用工具成为人猿相揖别的一般标志，世界进入了一个新的历史发展阶段，社会有了主体性存在意义，天然自然转化为人化自然。在这个过程中，人类不断扩大自己的活动领域，相伴随这个过程，人类自身也在不断被改造，人的大脑、人的手等都在发生相应的变化。如人的脑容量逐渐增大，手也变得越发灵巧。正如恩格斯所言：“手不仅是劳动的器官，它还是劳动的产物。只是由于劳动，由于总是要去适应新的动作，由于这样所引起的肌肉、韧带以及经过更长的时间引起的骨骼的特殊发育下来，而且由于这些遗传下来的灵巧性不断以新的方式应用于新的越来越复杂的动作，人的手才达到这样高度的完善……”①

在整个农业文明时期，无论是原始社会的采集、狩猎还是封建社会的行会组织，人类制造和使用工具的目的，仅仅是从天然自然中获取必需的生存资料，以维持社会简单再生产。这种物质生产生活方式主要受产品的使用价值的驱动，所以，农业文明时期的产品实用性和艺术性并重，个人技能会在这些自然物质的获取和加工过程中得以体现。这决定了在自然经济中，社会分工是粗线条的，从而生产链条也不会太迂回，技术还停留在“技巧”“技能”这个层次水平。技术是专属于劳动者自身的，这些改造自然的技巧、经验和技能，随着时间的推移，不断被充实并承传给后代，正如马克思所说：“以前的生产阶段上，范围有限的知识和经验是同劳动本身直接联系在一起的……因而整个说来从未超出传统的手艺积累的范围，这种积累是一代代加以充实的，并且是很缓慢地、一点一点地扩大的（凭经验掌握每一种手艺的秘密）。手和脑还没

① 恩格斯．自然辩证法［M］．北京：人民出版社，1971：150－151.

有分离。”[①]

在农业文明时期，囿于实践水平的低下，人们在社会生活的实践中，经常遭遇到社会和自然规律的必然性双重制约，这些社会和自然规律，“作为起调节作用的自然规律强制地为自己开辟道路，就像房屋倒在人的头上时重力定律强制地为自己开辟道路一样”。[②] 这种规律的客观性，既是基于人们有意识行为，又不以人们的意志为转移。自然和社会的报复对人们认识论产生了两方面的后果：一方面，人们在自然和社会的报复面前无能为力，将其归因于天命，产生一种宿命论的观点；另一方面，当外部世界在很大程度上尚处于必然王国的范围内，人们不断地修正自己对世界的认识乃至行为模式，但这种修正过程是一种被动存在，从而不能主动深入探究这些看法所依以发生的内在机理，不能精确把握外部世界的构造及其运动过程，人们对整个外部世界只是一个非常朴素且笼统的看法。当然，这种朴素的外部世界认识论，也为农业文明时期人类社会实践提供了一些尽管缓慢却有益的支持。

由此可见，由于农业文明时期的社会实践停留在较低层次，技术主客体还是处于混沌未分状态，技术以一种粗陋的本真面目得以出现，尚处于“自在”阶段，人们把技术的主体——劳动者、技术的客体——工具以及他们相结合的中介——技巧、技能看成是一个整体，但对它们之间的内在关联并没有清晰的认识，当然，这只是一种关于技术的朴素的整体论思想。“朴素整体论尽管缺乏严格的科学证明，但其基本观点蕴涵着丰富、深刻的思想。对此，恩格斯曾经给予中肯、深刻的评析，指出希腊哲学把自然界当作整体，从总体上进行观察的正确性。同时指出，希腊哲学当时对世界整体的理解是直观的结果，对世界的总的关系

---

① 马克思．机器。自然力和科学的应用［M］．北京：人民出版社，1978：207－209.

② 马克思恩格斯全集（第 23 卷）［M］．北京：人民出版社，1972：92.

还没有从细节上加以证明。这就不得不让位于近代的机械整体论。”①

第 2 节　大工业时代的技术构成系统论

随着时间的推移，技术经历着缓慢的自发性进步，直到 18 世纪中叶，在这个时间节点上，技术仿佛苏醒过来，瓦特通过发明蒸汽机揭开了英国工业革命的序幕，技术被自觉地应用在社会的生产生活中，对资本主义生产方式的最终确立起到了最为根本的影响，“知识就是力量”揭示了人类对科技的无限自信，哲学领域出现了一股形而上学的“还原论”思潮，其核心就是把整体事物割裂开来，分解成层次不同的原子状态，或者把原子状态的简单线性加总看成是整体性质，此即构成系统论的涵义。

一、工具论

工业革命以后，人们冲破了“神本”主义思想牢笼，开始有意识地征服外在自然的征程。与此相伴随的是人类对自身的力量的自觉，“人本”主义思想也在不断形成，理性主义在社会生活中开始滋长，并最终统治了技术领域。技术在资本主义生产中日益自觉地运用使得其发展极为迅速，有如脱缰野马一日千里。作为人手外部延伸的机器体系越来越庞大复杂，固定资本规模巨大且日益成为资本主义生产的基础，分

① 冯国瑞. 整体论的发展形态及其重要意义［N］. 光明日报，2008 -4 -22.

工越来越细、越来越复杂。工人日益原子化，他们在日益成熟的资本主义生产方式中越来越处于附属地位，形成一种机器让工人走开的假象，“科学力量已经表现为固定资本的尺度”[①]。科技领域的巨大成就日益冲击着人们的思维，机械唯物主义开始成为技术领域的指导思想，这也彻底地改变了人们对技术的看法，把日益复杂庞大的工具、机器等硬件直接等同于技术。技术 = 工具，技术只是价值中立的单纯客体，它本身不负载任何伦理价值倾向，这就是技术工具论盛行的历史情景。与此相应，技术工具论有以下几个特征：

第一，技术的工具理性特征。按照技术工具论，技术等同于科学的应用，更直接地说，技术就是各种人造装置系统，技术实质上只有工具手段意义的存在，其本身并不负载价值意义。作为“自在之物”，技术是嵌入在社会语境之中的客体，同理，技术的效用也是存在于社会语境之外的中性物。作为纯粹手段的技术可以应用于不同目的和不同社会背景，因为后者是使用主体的内容，嵌套在“技术客体”之外的社会政治因素的变迁不会影响技术的中立性。因此，技术理性与技术普遍性的结合导致了技术的工具理性特征。

第二，技术的“自在逻辑”特征。技术与科学一样，它们都是建立在普遍的科学理性基础之上，都服从可证实的因果必然性逻辑。也就是说，只要技术的前提条件完备，人们就必然地获得可证实的技术结果，即使实验千万次，相同的结果也必然会一再出现。这种认知实践功能可相容于任何社会形态，这就是技术的“自在”逻辑，它是技术自身所特有的逻辑，它能够独立于社会条件而起作用，也即技术功能不因社会条件的改变而不同。正是由于技术的“自在逻辑”，技术能够在不同形态的社会中进行转移而不影响其效率标准。一项技术，资本主义社

---

① 马克思恩格斯全集（第 46 卷）[M]. 北京：人民出版社，1980：269.

会能高效使用，社会主义也能保持同样效率使用；发达国家能高效使用，落后国家也能够高效使用，只要技术自身的前提条件完备。

第三，技术的“相同效率”特征。技术是建立在普遍性和理性基础之上的。普遍性要求衡量标准的普适性，即不同的情境中可以应用相同的衡量标准，根据技术工具论的观点，技术在不同的时空规制的背景下，都能普遍地提高生产率水平；理性要求衡量标准的同一性，即在不同的情境中可以应用同一的度量标准，同一的技术在任何情境中都体现出相同效率的本质特性，正是技术的普遍性和理性决定了技术的“相同效率”特征。从这个意义上来讲，效率是判断技术中立性的唯一标准和最高准则，假设在任何情境下，技术都能保持相同的效率，这就证明技术是中性的，所以，技术的“相同效率”特征和技术的中立性是同一的。

二、实体论

在技术工具论的支配下，人类取得了对自然界的巨大胜利，特别是进入资本主义社会以后，这种成就到了无以复加的地步，正如马克思所说：“资产阶级在它不到一百年的阶级统治中所创造的生产力，比过去一切世代创造的全部生产力还要多，还要大。”① 然而，特定时空背景下的自然，其负载能力总是有一定限度的，随着人类对自然的过度掠夺，技术呈现出越来越多的负面作用，诸如毁灭性战争威胁（如核威胁）、生存环境威胁（如温室效应）、技术故障威胁（如飞机坠毁等）等；另一方面，随着技术的片面发展和日益异化，技术研发的主体客体开始易位，主体客体化和客体主体化是这一进程的两个方面，诸如机器

① 马克思恩格斯选集（第1卷）［M］. 北京：人民出版社，1995：277.

人和自动化生产线使得工人呈现单向度状态，在整个日益复杂的技术体系下，人日益被旁置或摆置。随着自然对人类的报复日益加剧和技术的日益不受控趋势，技术工具论的中性、独立性以及效率特征受到了各方的质疑，而技术社会内容的凸显催生了技术实体论。

技术实体论是因应技术工具论而出现的，同工具论相反，技术实体论认为技术是负载了利益和价值等要素的主体或实体，它既不承认技术具有中立性，相应地也否认技术的工具性、独立性以及效率特征。该理论认为，不能单纯从手段方面考察技术，而应该紧密地把技术手段和技术结果结合在一起考虑，因为两者是一个整体，无法对它们进行切割分块来思考；技术进步意味着出现全新的生活方式，而不是独立于社会意识的单纯效率提高，因此，技术实体论更注重技术的社会内容，认为技术是一种相对独立的社会力量，能体现自身独特的价值。当然，对于工具理性，技术实体论也不是全盘否定，例如，技术工具论认为，技术是人类利用工具理性来保障社会福利的产物，但技术实体论并不赞成工具论无限抬高这种工具理性的观点，即认为工具理性或物质满足的简单线性外推即为人类的全面发展；事实上，技术实体论认为，人类的全面发展除了物质上的实现以外，还包括精神上的社会实现，即需要宗教、艺术以及人际交流等。

在资本主义社会中，作为主体的人被嵌入复杂不可控的技术体系而无法挣脱，正如海德格尔所说，“座驾（Ge－stell）意味着对那种摆置（Stellen）的聚集，这种摆置摆置着人，也即促逼着人，使人以订造方式把现实当作持存物来解蔽。”[①] 由此表明，技术体系作为座架，人在这个座架中被安置，自主化发展的技术单向控制了社会和环境，而沦为客体的人类和自然环境便成为技术系统中归约为可测度且可交换的要

① 孙周兴. 海德格尔选集［M］. 上海：三联书店，1996：938.

素，技术型构为一张天网，囊括了社会生活的方方面面，包括宗教、伦理等文化内容，并且促逼着网中一切按照技术自体系逻辑前行，技术成为主宰一切的上帝。在资本主义社会中，技术成为新的社会控制形式，社会特定阶层的利益通过技术得以体现，但由于技术本身的专业性，资本主义社会中的政治秩序由专家来提供，在这个意义上，资本主义社会的权力基础来源于技术控制，政治的合理性通过技术合理性来表达。技术实体论最终把技术归结为具有价值利益负载的生活方式，在这种生活方式中，被旁置的人类面对技术的自我运动而不能作为，在人类面前，技术站在他者的位置脱离人类的控制而变成一种天命。

第 3 节　后工业化时代的技术生成总体论

随着后工业化时代的来临，对待技术的两极化态度引起了学术界的反思，西方有些学者开始了对技术哲学根基的批判，而这尤以美国技术哲学家安德鲁·芬伯格的新技术批判理论最为出色。芬伯格借助两类技术元理论集建构起自己的技术批判理论，即初级工具化和次级工具化。初级工具化包括去背景化、还原论、自主化、定位四个技术元理论，同样，次级工具化也包括系统化、媒介、职业、主动性四个技术元理论，通过这些理论工具展开了对技术工具论和技术实体论的分析和批判。芬伯格认为以前的技术哲学着重解释技术主客体的功能组成，这属于初级工具化的涵盖范围；随着近年来技术研究的经验转向，初级工具化所揭示的那些技术关系往往与实际技术系统的要求相差甚远，“技术必须要与自然的、技术的和社会环境等支持其功能结合在一起”①，这就是次级工具化所必须承担的任务，它着重解释技术功能如何嵌入实际的技术装置或网络。

芬伯格引入“初级工具化”与“次级工具化”这些理论工具，目的在于把技术工具论和技术实体论所体现的本质主义与社会学家和历史学家等所倡导的建构主义所体现的技术社会特性融合进一个理论框架内。这些工具化理论提供了技术改造的理论基础，借助工具化理论对工具论和实体论进行建设性批判，才有可能设计出替代性的技术，即大众民主参与的技术，这也就形成了芬伯格技术批判理论的最终结论：批判当下技术以探寻替代技术，故技术最终受制于人。

芬伯格新技术批判理论的渊薮在法兰克福学派，而它是建立在对工具论和实体论的批判基础上，并且融合了哈贝马斯技术工具论思想和马尔库塞的技术实体论思想。形象地说就是，用哈贝马斯的理论框架装载了马尔库塞的精神内核，这就使得新技术批判理论具有自身的特色。然而，尽管芬伯格新技术批判理论深入地批判了技术本质主义，但是它不可避免地保留了法兰克福学派的内在缺陷，诸如结构化问题、总体性问题等。

由于新技术批判理论既把多维的社会系统降低为一维的技术系统，又以结构化模式来处理技术问题，更重要的是，技术批判理论强调技术的解释学而忽略了对技术作发生学理解，这种模式在实践中遭遇到了极大的困难。针对新技术批判理论存在的问题，以及后工业化时代技术应用过程中的诸多异象，人们迫切希望以一种总体性思维来看待技术，辩证地把技术看成是一个蕴涵多种可能结果的过程，而非固化的结果，突出技术的实践功能和革命性。在此背景下，历史呼唤技术的生成整体性

---

① Andrew Feenberg. Questioning Technology [M]. Routledge, 1999: 205.

转向，至此，技术也完成了由自为状态向自在自为状态的升华，技术的生成总体论主要观点体现在以下三个方面：

首先，技术的生成总体论基于总体性的思维看待技术。新技术批判理论没有脱离技术主客两分的窠臼，依然把技术本质作为研究依归，赋予技术过多的权重，似乎技术就是生活全部，从而没有摆正技术在社会系统中的位置，新技术批判理论存在研究视野不够开阔问题。事实上，按照生成总体论的观点，在一个总的社会系统中，技术只是嵌入其中，并在其中流动，它既包括主体，又包括客体，更重要的是，它还包括一个中间体，既主客体中间的媒介，这个媒介既具有主观性、又具有客观性，它是一种中间过渡状态；同时，技术也不仅仅指自然技术，它还包括社会技术和思维技术，技术本身就是一个有机体系，所以，必须从这种总体性思维把握和看待技术，才能捋清特定技术的边界所在。

其次，技术的生成总体论杜绝采用僵化的结构化模式分析技术。新技术批判理论错误地理解了正统马克思主义技术观，认为马克思主义技术观的核心是社会由技术单向决定的，从而把马克思主义技术观歪曲为技术决定论，而为了有别于正统马克思主义技术观，新技术批判理论强调技术的社会建构观点，认为不是自治的技术发展决定社会形态，而是社会因素决定技术的发展。由此可知，新技术批判理论割裂了技术与社会两类范畴的内在联系，对它们之间的内在作用机理缺乏辩证的认识，所以，生成总体论必须把技术决定论与社会建构论有机地结合起来，在此基础上，辩证地统一起技术的社会建构与社会的技术基础。

最后，技术的生成总体论摒弃了对技术的解释学解蔽，强调对技术进行发生学理解。新技术批判理论同以往的技术批判理论一样，以存在主义哲学为理论根基，多采用经验的感性的认识进行现象描述的现象学研究方法，相应地，这些技术批判理论认为技术的本质在于，利用解释学方法对已存在的经验现象的解蔽或祛魅过程进行描述。一言以蔽之，新技术批判理论重视对“死”的技术的阐释，而相应地忽视了对“活”的技术的理解。所以，新技术批判理论缺点在于论述不够全面，仅论及已经物化的固化态技术，而对于串接过去、当下和将来的历时辩证的技术形态却鲜有叙述。事实上，按照技术生成总体论观点，技术除了具有固化形态以外，更重要的特征就在于技术的实践性、革命性，此即“活”的技术的含义。

第2章　技术创新的价值对象性阐释

随着我国市场经济的不断深入发展，技术创新领域日益拓展，技术创新的主体越来越多元化，使得各种利益纠缠在一起，科学伦理事件日渐增多，例如，“瘦肉精”技术以及烟草科技等的研制，牵涉技术创新的价值对象性问题。著名经济学家斯蒂格利茨对技术创新以及知识产权专利制度等有诸多精辟独到见解。例如，斯蒂格利茨和苏尔斯顿①认为，科技作为人类文明成果结晶，应该公开和透明，科研机构所产生的知识应提供给公众自由分享，然而，当前的知识产权制度对知识的共享造成阻碍，实质上形成对技术创新的危害。斯蒂格利茨进一步认为，为追逐垄断利润，产权专利制度扭曲了研究目的②，他举了医药产业专利制度的例子，这种制度所形成的垄断收益权，导致大量人口特别是贫困落后的第三世界国家无力支付高昂的专利费，致使人类许多病痛得不到及时救治。③ 这是完全背离了技术创新的价值导向的，马克思很早就批判了形而上的价值观念，并破天荒地将价值观置入于具体生产方式中，

---

① Sulston, J. & Stiglitz, Joseph E. Science is Being Held Back by Outdated Laws [N]. The Times, 2008－07－05.

② Stiglitz, Joseph E. Economic Foundations of Intellectual Property Rights [J]. Duke Law Journal, 2008, 57: 1693.

③ Stiglitz, Joseph E. Prizes, Not Patents [EB/OL]. http://www.project－syndicate.org/commentary/stiglitz81/English. 2012－10－10.

认为生产当事人之间经济交易的正义性决定于它的实际内容，“这个内容，只要与生产方式相适应，相一致，就是正义的；只要与生产方式相矛盾，就是非正义的”。[①] 在市场经济遵循的竞争和信用原则下，对于商品质量弄虚作假就是非正义的；这既体现价值观念的历史规定性，也体现了历史唯物主义价值观的真正内涵，因此，我们就有必要对技术创新价值对象性基础上的价值关系作些阐释，以厘清技术创新之于人类演进的目的设定意义。

第1节　技术创新的价值客体

无论是作为维持肉体存在的人，还是作为互动交往过程中的人，即人不论是作为自然存在物还是社会存在物，其生存和发展过程都必定有各种需要，而需要的满足则依赖于各种生活和生产资料，即对象。出于人类持存的第一需要，人类需要和各种外界物发生对象性接触，即人类通过对象性的社会实践活动传递和展示其社会本质力量（诸如知情意等），使其在外界物中对象化，这种凝结了人类社会本质力量的外界物也就是人类创造的符合自己需要的对象，与此同时，对象又返身进入人类的物质和精神活动中并成为其要素，转化为人类的社会本质力量和情感，此即人类创造的成果非对象化于人类自身的过程，正如马克思所言：“黑格尔把人的自我产生看作一个过程，把对象化看作非对象化，看作外化和这种外化的扬弃；可见，他抓住了劳动的本质，把对象性的

① 马克思恩格斯文集（第7卷）［M］．北京：人民出版社，2009：379.

人、现实的因而是真正的人理解为他自己的劳动的结果。"[①] 正是这种不断展开的对象化和非对象化的过程，建构了人类社会中主体和客体之间的多重的价值关系，这些价值关系就是通过主体客体化和客体主体化的过程依以成立。

按照唯物主义观点，技术作为人类能动作用于自然的“代具”[②]，是人类最基本的生存活动方式，而以技术为基础的社会实践活动又是人类生发之源，从这个意义上讲，技术与人具有同源性和互证性。马克思进一步认为，技术不但形塑了人的生理结构，更为重要的是，它型构了人类的社会结构，技术史就是“社会人的生产器官的形成史”[③]。技术是基于需要之上的价值关系体现，它蕴涵着人类丰富的情感，诸如希望、爱好和意愿，连接着事实与价值、知识与目的，是知情意的综合体。

技术创新是人与外部世界对象物之间紧张关系、矛盾冲突的暂时解决，它贯穿新技术酝酿到新技术形成的全过程。人类的活动都是目的设定的，他们通过技术活动不断调适和突破与外部世界的关系，这种创新性社会实践活动就形成了价值系统。从技术创新的定义可知，技术创新过程作为人类的社会实践活动，其实就是价值的创造过程，技术创新过程符合价值论的内涵以及要素构成，所以，要从本质上把握技术创新活动，必须将其纳入价值论的视阈，探讨技术创新背后的社会所指。众所周知，价值是一个社会关系的范畴，不要把它当作实体范畴来对待。基于此，我们要审视技术创新活动的价值维度，就必须考虑到价值关系的复杂性以及多维度特征，特别是价值主体的多重性。技术创新的价值关系并不单纯，事实上很复杂，要把握这诸多的技术创新关系，必然涉及

① 马克思.1844 年经济学哲学手稿［M］. 北京：人民出版社，1985：120.

② “代具”原意即假肢，泛指人类赖以生存的“身外之物”，表示人的生存对技术的依赖。

③ 马克思恩格斯全集（第 23 卷）［M］. 北京：人民出版社，1972：409－410.

技术创新的主体、客体、意向以及评价等方方面面。

技术既创新了器物文化，更为重要的是，它也创新了社会关系。所以，器物文化的创新背后所重新规制的是社会关系，而社会关系的创新又以价值关系为其内核，它们之间是一种层层深入、不断生成的过程。所以，就技术创新过程来说，究其根源，依然是价值关系的创新，它至少体现在两个方面，其一，每项技术创新都体现了不同层次不同范围的价值和需要，都因为创新了满足特定社会需要的手段而具有独特的社会价值，由于技术本身有效关联着工具与目的、事实与价值等范畴，故而，技术创新把我们人类丰富的情感，诸如喜好、意愿和厌恶等嵌入在一再改变的器物形态上面。其二，技术创新实质上就是价值的建构与重构过程，它关乎新的价值情感的物化实践过程，特定的技术创新都是出于满足特定的社会需要而进行的，故而技术创新体现了独特的价值关系。总而言之，技术创新本质上就是价值关系的生成或调整。

然而，对于什么是技术创新价值关系的客体，学术界一直存在很多争论。最普遍的观点是把技术创新的对象物本身及其自然属性作为其客体，这种观点应该值得我们反思；从直观的意义来看，技术创新的对象物及其自然属性确实与使用价值范畴有关联，但思维仅仅及于此是远远不够的，它没有深刻反映技术创新的社会实践本质。尽管技术创新的对象物及其自然属性能够满足人的感观需要，按新古典主义观点，就是能给人带来满足感，因而具有效用。在人的技术创新实践活动中，把对象物的自然属性作为思维的对象是必要的，“物的有用性使物成为使用价值。但这种有用性不是悬在空中的。它决定于商品体的属性，离开了商品体就不存在。因此，商品体本身，例如铁、小麦、金刚石等，就是使用价值……使用价值为商品学这门学科提供材料”[①]，马克思的这段话

① 马克思恩格斯全集（第 23 卷）［M］. 北京：人民出版社，1972：48.

虽是为所用价值作注解，但它还是折射出某种人类与自然的对象性关系，当然，这种关系仅仅是浅层次的、较为狭隘的使用价值的对象性。

真正有意义的问题是，这些单纯物及其自然属性在社会存在以及技术创新实践活动中的所指和功能，必须将它们置于具体的社会关系中，才是构成价值关系的关键。由此可知，担当价值关系客体或对象不可能是那些单纯的物及其自然属性，相反，能够成为价值关系要素的只可能是那些处于特定社会关系中且被赋予社会功能的技术创新实践活动所指，包括物、过程和现象等，而那些符合主体利益及需要、技术创新实践活动指向的事物才可能构成价值关系的客体。物的社会存在范畴揭示了对象性的实践活动与对象物之间的关系，揭示了物的社会意义与本质，物的社会存在范畴构成价值范畴的基础，一言以蔽之，物的社会存在就是价值对象性，具体来说就是，由于物只能在实践活动中获得社会存在的意义，从而蕴涵着价值对象性。简单地说，技术创新的客体就是在其实践活动过程中对象化物，它不仅包括那些实在物，还包括社会建构的各类组织或制度等，这就涉及技术创新的价值对象性，其实质就是在这些对象化物中将人的社会本质力量对象化，就是在对象物中凝结或体现技术创新主体的社会关系。人作为对象性的技术创新实践的主体，在改造外部世界以及人自身的技术实践活动中，在对象物使自己的目的或社会本质力量对象化。具体来讲有以下几个要素：一是必须进入技术创新主体的视域范围；二是必须在创新活动中被技术创新主体所作用或指向；三是必须在对象物中体现技术创新主体的社会本质力量；四是技术创新的载体必然是自然客体和社会客体，两者必居其一。

价值对象性实际上还涉及物的“人化”概念，无论是人工物也好，自然物也好，抑或实在物也好，精神对象也好，只要它被纳入技术创新实践活动中，嵌入社会关系网络之中，有着相应的地位和作用，便是其社会存在状态，由此获得价值对象性。“一个使用价值究竟表现为原料、劳动资料还是产品，完全取决于它在劳动过程中所起的作用，取决于它在劳动过程中所处的地位，随着地位的改变，这些规定也就改变。”① 由此可知，物的自然属性并不能使其成为人的需要对象，相反是因为在技术创新实践活动中这些对象物所获得的价值对象性，才使其成为人的需要对象。

这里需要指出的是，价值对象性并不等同于价值，价值对象性还仅仅是一种可能意义上的，或者说是“可能的”或“潜在的”价值。至于价值的范畴，我们会在后面内容中涉及，这里不再赘述。在技术创新实践活动过程中，人们主要以其对象物的社会功能为思考对象，对象物本身作为价值对象性的载体，对于价值对象性的存在或体现是至关重要的。因此，技术创新实践活动中的各种物的价值对象性才是构成价值关系的要素，是我们真正要思考把握的对象。

综上所述，我们可以知道，技术创新的价值关系客体是技术创新的价值对象化物，而不是自然物本身或其固有的自然属性，它们只有在技术创新主体的对象性实践活动中才有存在意义，否则无法解释它们的价值依归。价值对象性作为“潜在的价值”，一定是先于价值而存在。价值对象性即社会意义上的对象物的存在，其背后对象化了人的社会本质力量，凝结了丰富的社会关系，它是技术创新的对象世界中人的自我肯定，同时也是技术创新实践活动中对象物的社会功能。

---

① 马克思恩格斯选集（第 2 卷）［M］. 北京：人民出版社，1995：180.

第 2 节 技术创新的价值主体

如前所述，技术创新的背面就是价值关系的生成或调整，在价值关系的建构与调整的过程中，必然会涉及关系或过程中的施动因子和受动因子，或者说能动性因素和被动性因素，这就是技术创新的价值关系主体与客体的建构。在技术创新过程中，目的论设定是价值关系生成的唯一“引擎”，它也在这个过程中建构了价值主体，正是因为目的论设定的存在，它赋予了其载体的能动性，所以称之为技术创新的价值主体，所以，主体与目的论设定具有同义性。按照卢卡奇在《关于社会存在的本体论》[①] 中观点，任何一个完整的劳动（社会实践）过程，价值主体都必须进行两种类型的目的论设定，在其中第一种目的论设定中，自然对象和过程是被设定的，这种被摆置的角色使得自然过程和对象处于一种无力状态，它们对于主体所设定的目的是无能为力的，主体则处于设定目的论的地位；而在第二种目的论设定中，主体角色出现分裂，他同时担当目的论设定和被设定的角色，被目的论设定的主体也能对设定目的的主体施加影响，主体分裂也是造成社会冲突的根源之一，所以，第二种目的论设定与第一种目的论设定情形大为不同。卢卡奇用两种不同层面的目的论设定界定了三类不同的角色：“主体→对象/主体（复合体）→对象”，技术创新过程作为基本的社会实践过程，同样具备上述特征，其中第一类技术创新目的论设定的创新主体与外界自然的关

① 卢卡奇．关于社会存在的本体论（下）［M］．重庆：重庆出版社，1993.

系，属于技术创新（狭义）范畴，而第二类技术创新目的论设定的是创新主体之间的关系，属于社会组织创新的范畴，这两类技术创新目的论设定面对对象的差异导致技术创新主体不同。

因为价值只能是属人或为人而存在，只能是对人的价值，构成技术创新主体的并不是抽象的自然人，它不可能超脱于特定的社会关系和历史发展，所以，构成技术创新主体是具体的现实的人，是一个感性对象，必定是生成于特定价值关系中的历史过程中的社会人，这是技术创新价值关系得以成立的先决条件，原子式的主体是没有任何意义的。在对象化和非对象化的技术创新实践活动中，创造和掌握价值的主体呈现出极大的异质性，其背后原因就是制度、思想和风俗习惯等，总的来讲就是文化的差异。文化把社会分割成不同维度且互相交错，最高层面是人类社会，下面又可粗线条地分为西方社会和儒家社会，显然它们还可不断被细分，直至家庭这种最小的共同体，而这就使得技术创新的价值主体也呈现出高度异质性，表现出丰富性、复杂性和多维性的特质，这些主体常处于错综复杂的社会关系的中心，并且随着社会形态的变迁，技术创新活动内容会发生改变，这些技术创新价值主体的内涵和外延也相应发生调整。

改革开放 40 多年以来，我国经济环境发生了巨大的变化，由从前的单一计划经济模式逐步过渡到以公有制为主体、多种所有制经济共同发展的市场经济体制，经济主体日益多样化。随着社会主义市场经济体制的逐步确立，改革不断向纵深推进，极大地促进了社会生产力的发展，“我国科技事业也取得了长足发展与进步，已经成为科学技术体系较为完备、科技人力资源世界第一、科技成果不断涌现的科学技术大国”[①]，技术创新主体不断分化而日益丰富，呈现出多主体领域的特征。

---

① 李学勇．我国科技事业取得长足发展和进步［N］．经济日报，2009－9－18.

然而，目前“科技体制机制还存在一些突出问题，与加快转变经济发展方式、抢占未来发展制高点的迫切需要仍不适应，与新一轮科技革命和科技创新驱动发展的新要求仍不适应，与社会主义市场经济体制仍不适应，必须通过继续深化改革，破除制约科技创新的体制机制障碍，加快建立健全科学合理、富有活力、更有效率的国家创新体系”①。基于《关于深化科技体制改革加快国家创新体系建设的意见》的发布，对照建设国家创新体系中“产学研”相结合的要求，认真梳理我国技术创新主体构成，对于加快国家创新体系和创新型国家建设、推动科技事业发展意义重大。

一、企业

作为社会劳动的组织方式，现代企业制度起源于工场手工业，经过长期历史演变，才发展成占据统治地位的生产组织形式。由于现代企业具有资本和劳动力在空间上的集聚优势，并且基于官僚行政构架进行合理的分工协作，极大地促进了社会生产力的发展。随着社会主义市场经济体制的基本形成，我国企业在性质上出现了较大的分化，即公有制企业和民营企业，相对而言，公有制企业主要布局在关系国计民生或自然垄断的领域，它们主要从事基础性技术创新，而民营企业主要布局在竞争性领域，具有灵活、适应能力强的优势，它们主要从事应用性技术创新。作为形成商品价值的载体，为获取超额剩余价值或相对剩余价值，企业需要直接参与市场竞争，因而对于新技术、新产品的需求特别强烈。企业之所以能够成为技术创新的主体，可以从以下两个方面来看：从工艺学的角度看，正如亚当·斯密在《国富论》中所认为，在企业

① 深化科技体制改革，实现创新驱动发展（社论）[N]. 人民日报，2012-07-08.

中组织劳动分工，有利于机器的改进、发明和使用；从社会需求的角度看，正如恩格斯所言："社会一旦有技术上的需要，则这种需要就会比十所大学更能把科学推向前进。"① 作为社会主义国家的企业，既要立足于技术创新不断开拓新市场，保持自己的市场地位，更要重视公共利益和社会责任，后者本身也是市场经济中卓越企业增强自身竞争力的一个内在要求。基于国家创新体系"产学研"相结合的要求，"产"在该体系中处于主导地位，企业兴，则国家兴。

二、高校

在历史长河中人类积累起来的科技知识，作为对象又必须经历一个非对象化过程，这些科技知识进一步作为构成人的物质活动和精神活动的基本要素，进一步转化为更强大的征服自然和改造自然的社会本质力量和意志情感，此即人（类）创造的成果非对象化于人（类）自身的过程。高校作为先进科学技术知识和丰富人力资源的集散地，正因为其在传播知识和传播价值的过程中的特殊地位，往往成为技术创新的策源地，无论怎么强调高校在国家创新体系中的地位和作用都不为过。但仅从这个角度我们还不能说高校就是技术创新的一个主体，高校作为塑造人类灵魂的高等教育机构及场所，它担负了树立青年学子正确人生观、价值观，增强民族凝聚力和自信心的任务，塑造具有健全人格和爱国爱社会的未来科技梯队和人才的任务。前教育部部长袁贵仁曾说："加强文化建设，努力营造创新氛围。要大力弘扬对祖国挚爱忠诚、对工作敬业奉献的优秀品德和对真理执著追求、对科学求实创新的精神，积极构筑培育高级科技创新人才、造就杰出科学家的精神家园。要大力加强科

① 马克思恩格斯全集（第 4 卷）[M]. 北京：人民出版社，1972：505.

学道德和学风建设，规范学术管理，净化学术风气，提升科研诚信意识，保护知识产权，着力营造崇尚科学、求真务实、风清气正的学术氛围。”① 这里所强调的文化建设，忠诚祖国、工作奉献、科学道德等，都突出了高校在技术创新价值关系中的主体地位。

三、科研院所

科技狂飙发轫于资本主义生产方式的形成，它极大地推动了科技的发展。为追求超额剩余价值，资本家竞相采用新技术新设备，科技因素首次被人类有意识推广和广泛应用，而科技作为经济增长的引擎，不断深化市场经济，进一步巩固了资本主义生产方式。技术创新也由起初手工业者偶然的灵光乍现式的附属职能转而成为一种专门的事业，大量受过专门训练的高科技人才汇聚一堂，其规模程度以及组织性今非昔比，远远超出了前资本主义时代的景象。在我国社会主义市场经济体制下，由于历史的沿袭以及时代的发展，大量科技人员都被编入以企事业单位为组织结构形式的各类科研院所中，这些科研院所为振兴中华民族、建立我国完整工业体系以及科技事业的大踏步发展等，做出了极其重大的贡献。然而，随着市场化的不断深入，科研工作中的各类深层次矛盾也逐步凸显，特别是科学伦理问题。例如，由于价值观扭曲，有些科技人员为获取经济暴利、漠视人们健康，进行一些违背伦理的研究，比如“瘦肉精”案例。在市场经济条件下，专利制度本意是通过各项规章制度确保科技人员科研成果的垄断收益权，从而激发人们进行技术创新的积极性。但是，为获取最大垄断利益，很多最新科研成果被束之高阁，特别是医疗领域的科研专利，导致很多可以被减轻的病痛延长了，可以

① 人民网，http：//edu. people. am. cn/n/2012/0724/c1053 -18587146. html.

被及时挽救的生命消失了。正因为如此，科研院所的工作导向，既可以带来中华民族的繁荣富强，也带给病人痛苦与灾难，“一心之隔，君子小人之分”。从正反两方面来说，科研院所都是我国技术创新的一个重要价值主体。

四、政府

尽管国家创新体系中有“产学研”相结合的要求，企业、高校以及科研院所是技术创新当然的主体，但是，技术创新中更为重要的主体是政府。社会发展到今天，任何一项技术创新都直接或间接地受益于政府的各类措施，从最基本的产学研相结合到如何组织，都离不开政府的支持，甚至可以说政府是最重要的技术创新价值主体。在我国，政府在技术创新中的地位是历史形成的。改革开放以前，计划经济模式占据绝对统治地位，我国大大小小的技术创新活动都是在政府的主导下成功进行的，例如“两弹一星”计划就是在我国政府的精心组织、科学安排下成功实施的。正是政府在技术创新中的推动作用，从而使我国技术体系从零敲碎打的手工作业基础上建立起来了，政府起到了极其重要的历史作用。政府承担技术创新的主体，可以从两个方面来理解：首先，由于经济社会系统的极度复杂性带来了技术系统的复杂性，牵涉许多部门许多利益主体，各种主体利益互相纠缠，没有政府强力介入，任何一项重大的技术创新都难以协调；其次，由于没有世界政府，国际关系上霸权主义、强权政治横行，所以，在某些关系到国家安全的特殊领域中，如国防军事技术领域，政府依然要充当技术创新的主体。事实上，英国著名学者弗里曼特别强调政府在技术创新中的作用，他曾经表达过这样的意思：一国的经济发展，依靠自由竞争的市场经济是不够的，需要政府发挥作用，例如日本在技术落后的情况下，以技术创新为主导、辅以组织创新和制度创新，使其出现了强劲的发展势头。这说明，政府在推动本国的技术创新中起着十分重要的作用。[①]

另外，除了上述主体之外，参与技术创新的组织还有各类社会中介机构，他们对于技术创新的协调推进以及把握价值取向，都有着举足轻重的影响。

第3节 技术创新的价值意向及其评价

技术创新实践活动中的对象化过程与非对象化过程两者呈现出对立统一的关系，他们作为对立面的形成、冲突加剧以及矛盾的解决，都直接关联到技术创新的意图、意义的形成与发展，即在这种对象化与非对象化的过程中形成了技术创新的主体与客体之间的价值关系。如前所述，作为技术创新主体的社会人是各种各样的，他们可能是技术创新背后的社会关系的交往结点，并且有着各种各样的实践活动以及相应的本质规定性。人的社会本质力量的多重规定性是一个日益外扩的场域，它随着技术创新实践活动的发展而拓展。随着人类社会的演进，技术创新的价值主体的实践活动也越来越向更纵深层面发展，技术创新的价值主体构成也会越来越宽广。所以，技术创新实践活动涉及的价值主体组结的维度越多、社会规定性越丰富，相应地，技术创新对象物的价值对象性也就会越丰富，技术创新的价值对象性的多维性与技术创新的主体多

① 冯之浚，许静．深入开展国家创新系统的研究——有关建立和完善国家创新系统研究的对话［J］．科学学与科学技术管理，1999（20）．

样性表现出协同演化的关系。技术创新的价值主体的多样性，再加上对象物价值对象性的多维性，决定了技术创新价值关系的丰富性和复杂性，而挖掘技术创新的价值意向也就势所必然的。众所周知，技术创新社会实践的价值导向就是促使人类向上提升，不断地从必然王国走向自由王国，那么，技术创新就应该最大限度地满足社会需要，减少人类本身的内耗从而提升人类的凝聚力或合力，促进人类社会的发展；因此，技术创新主体其基本动力就在于满足社会需要，也正是出于需要的目的，技术创新主体和客体，即对象物价值对象性，发生价值关系。

然而，作为价值意向基础的社会需要具有多重性以及嬗变性等特征，如何把握技术创新的特定价值意向？需要做的一项基础性工作就是明确社会主体的需要，而与之密切相关的一个理论就是马斯洛的“需求层次理论”，该理论将人的需求分为五种，即生理上的需求，安全上的需求，情感和归属的需求，尊重的需求，自我实现的需求等，这些需求按层次逐步递升，形成一个由低到高的基本阶梯形状，并且该理论认为，随着外界条件发生变化，这些需求会出现跃升等异象。当然，由于需求层次理论仅限于抽象人性这个视角，缺乏从社会形态演变角度阐述需求问题，对此，我们表示并不完全接受该理论主旨，但是，该理论至少从现象层面揭示出了许多重要特征，因此，我们还是会借助该理论，以需求层次为源头，经过一系列的中介环节，推导技术创新的价值意向。

正如前述，涵盖最基本的生存需要（吃饭穿衣等）到最高级的需要（人类社会中的自我实现、自我肯定），从形式上看，这些需要是主观的，他总是表现为人的主观评价，但是我们深究一下，就会发现，这些主观因素背后都离不开技术创新主体的心理、生理以及生活等所依赖的社会条件，而这些条件都是客观实在的，它们不为主体的主观心理活动所左右。然而，需要并不能直接支配主体的创新行动，因为它只是作为一种客观必要性的存在，即作为技术创新主体持存的外部条件，它没有进入技术创新主体的意识中。所以，需要面临着一个转变过程，即从客观需要转变为主观需要的过程，而只有主观需要也即技术创新主体的欲求才是支配主体行动的第一个传导环节，只有有欲求的创新主体才会有动力去寻求满足需要的对象，欲求外在表现为技术创新主体的特定的兴趣，可以说，兴趣是技术创新主体从需要到价值意向的第二个传导环节，它表现为一种更高层面的主观需要，因为技术创新主体都是基于其需要和兴趣选择外在对象物，所以，欲求实质上就是技术创新主体对对象物的选择态度；技术创新主体的目的则是其意识中预先设想的价值结果，因此，技术创新的目的直接取决于其需要和兴趣这个目的本身就成为价值意向，通过技术创新的目的可以掌握、评价外界客体的价值对象性。

技术创新主体与客体之间哪种价值对象性能够脱颖而出，哪种价值能够得到彰显，都需要价值意向作指导，只有在特定的技术创新价值意向的指导下，才可能决定评价时所使用的标准、手段，也才可能决定技术创新价值评价所指对象以及方向，因此，每种技术创新价值意向都是偏爱和选择特定的技术创新价值对象性的结果，技术创新的价值意向由此也联系起了技术创新的评价，因为它决定客体价值对象性显现为何种形式的价值。

与技术创新价值意向紧密关联的技术创新的评价，关系着技术创新价值关系的最终完成，当然，“最后但并非最不重要”，事实恰恰相反，技术创新的评价是技术创新价值关系至关重要的一环，是技术创新主体与客体之间独特的相互作用，并且连接技术创新的对象化与非对象化两个过程。如前所述，技术创新对象物社会存在的获得过程，其实就是技术创新主体思想对象化在外界物中的过程，也就是主体客体化的过程，而要形成一个完整的价值关系链条，那就必须经历一个客体主体化的过程，此即评价的过程。在此过程中，技术创新主体将经历一个非对象化的过程，它也是评价的实质内容，就是将客体的价值对象性由隐性状态转变为显性状态，使客体的价值对象性非对象化，将其显现为价值，这个客体主体化过程中价值对象性不断内化、凝聚于技术创新主体中，从而变成技术创新主体力量，这是一种技术创新的社会本质的力量，它也演变成技术创新主体的交往方式和活动方式，成为技术创新主体活动的构成要素、能力与动机。

技术创新评价的内容首先是技术创新主体需要在其意识中定位价值对象性，也即确定且掌握技术创新主体所需要的价值对象性，其次是，技术创新主体还需要将挖掘出来的价值对象性反映到技术创新主体的意识和行为活动中来。技术创新价值对象性只有在技术创新的评价中才能现实化，才能转变为技术创新主体自身的意识并指导其行为。我们尤其要注意的是，技术创新的价值与技术创新的评价总是联系在一起，相伴而行，即评价就特指价值，没有技术创新的评价，也就无所谓技术创新的价值。但必须清醒地认识到，价值并不来源于技术创新评价其本身，技术创新评价并不能够把价值赋予某种客体，它只是使已经内化的客观的价值对象性得到显现，这里体现了技术创新价值对象性受技术创新主体的主观制约的方式。由此可见，技术创新评价所处理的对象就是客体的价值对象性。然而，客体的价值对象性不同于价值，同一客体可以具有完全相反的价值对象性，例如，镇痛药杜冷丁既可以治病以服务于人类，也可以用于伤害人。因此，在技术创新的实践活动中，主体的支配方式决定客体的价值对象性的性质；相反，能够显现为“价值”的价值对象性，只能是那些满足技术创新主体需要的积极向上的价值对象性，而那些阻碍技术创新主体正常生存和发展需要的、消极不良的价值对象性，就不可能实现为价值，或者说，只能实现为负面价值。技术创新的评价则需要鉴别客体的价值对象性的不同性质，是积极向上的价值对象性还是相反，积极向上的价值对象性所惠及的主体范围有多大，是对于地区个有价值还是对于全人类有价值，或者是对于特定的人群或种群具有价值，具有什么样的价值等。综上所述，技术创新的评价的重要性由此可见一斑。

第二篇

创新驱动发展战略的三重依归

基于对晚期卢卡奇总体性范畴的理解，可知总体性即为事物的历史生成。作为最具革命性的社会实践活动，科技创新过程也是一种“创造性破坏”的过程，这种革命的本质总是不断塑造新的社会结构。由此可知，上述结构变动即为科学技术的演进；进而言之，科学技术演进就是对研究对象的内在结构的认识不断加深的总体性生成过程。科学技术哲学的任务就是揭示自然界事物运动的内在本质和客观规律。创新驱动发展战略既是重大的实践问题，也是重大的理论问题，它源起于机器化大生产支撑的资本主义生产方式，又受限于资本主义经济制度。创新驱动发展战略的三重依归就是对创新驱动发展战略进行总体性回溯，即依照历史、自然和民主等三重认识维度，探讨该战略的结构性依归。创新驱动发展战略的历史依归就是从历史总体性视角，论证创新驱动发展方式的演变是一个自然历史过程；创新驱动发展战略的自然依归则从功能—结构性视角，确证了技术—经济范式的改变对于创新进路的重大影响；而创新驱动发展战略的社会依归即是主体—客体统一性视角，强调了创新主体民主化进程是社会发展必然趋势。由此可知，创新驱动发展战略的三重依归的主要任务是阐释技术创新应遵循历史嵌入、自然本位和民主导向三个原则，只有在准确对创新驱动发展战略进行全方位体环境的前提基础上，才能为该战略的正确实施和路径自省提供理论依据。

第3章　创新驱动发展战略的历史依归

作为发展中的社会主义大国，中国面临着快速发展社会生产力的历史任务，必须努力吸收人类文明发展进程中的一切先进成果，特别是技术创新成果。为此，党的十八大正式提出“创新驱动发展战略”，其主旨“就是要……更好发挥政府作用，破除一切制约创新的思想障碍和制度藩篱，激发全社会创新活力和创造潜能……增强科技进步对经济发展的贡献度，营造大众创业、万众创新的政策环境和制度环境”。[①] 这是我国转变经济发展方式的标志性事件，更是人类社会历史发展的必然，因此，捋清创新驱动发展战略的历史情境是十分必要的。众所周知，技术创新作为生产力的要素由来已久，它最早发轫于资本主义社会萌芽期，在剩余价值驱使下，技术创新日益成为资本家的自觉行动，进而演变为资本主义社会中普遍的群体行为。作为现代化社会生产方式孕育的历史范畴，技术创新贯穿资本主义社会始终，并随资本主义社会的特征形态变化而改变其内涵，如早期自由放任资本主义社会中生产组织创新、管制资本主义社会中生产过程创新、以及新自由资本主义社会中的生产模式创新。技术创新内涵的转变，一方面反映了资本主义社会基

---

① 国务院编．中共中央、国务院关于深化体制机制改革加快实施创新驱动发展战略的若干意见［M］．北京：人民出版社，2015：1.

本矛盾激荡的结果，另一方面也凸显了资本主义历史分期中特定资本主导下的技术创新演进的逻辑。

第1节 商业革命指向的生产组织创新

漫长的封建社会严重阻滞了社会生产力的发展，随着地理大发现，新的世界市场孕育出巨额的商业资本，它不断侵蚀旧的自然经济生产方式基础，并最终摧毁了封建制度的统治。如何巩固新生资本主义生产方式呢？唯一的手段就是加快生产力的发展，然而，彼时资本主义生产方式的技术基础是脱胎于封建社会手工业技术，加快生产力发展只能从改变生产组织形态开始，通过空间整理改变生产组织的空间布局。在封建社会向资本主义社会过渡的历史进程中，通过商业资本的主导，社会生产组织形态历经多次嬗变，从包买商制度、简单协作、混成的工场手工业、有机的工场手工业，最后过渡到机器大工业以及与此相适应的工厂制度等。这种由“商业资本 + 手工业技术”共生的社会规制加速了生产组织创新，推动了早期自由竞争资本主义时期的技术进步和生产力发展。

一、作坊式生产组织创新

资本主义生产技术基础脱胎于封建社会，而在漫长的封建社会，商品经济一直在缓慢地发展，在自然经济的夹缝中托起这块“飞地”的就是封建行会手工业制度。封建行会手工业制度最初是农奴为逃避封建领主的剥削和压迫逃入城市结社而形成的，它的进步性体现在自然经济中保存了商品经济的火种；反过来，自然经济生产方式也将其历史局限性镌刻在封建行会手工业制度上，即严苛的等级制度和繁琐的陈规陋俗。在封建行会手工业制度下，生产组织基本形态是封建社会的单个生产作坊，主体包括行东（匠师）、帮工和学徒，他们之间等级森严，每个作坊人数受到严格限制，仅几个人而已；匠师手工技艺秘不外传，具有相当的神秘性；为了抵御内外部的竞争，他们结成封建手工业行会，这样就造成单个生产作坊经营缺乏自主性，“包括招收学徒的数目，劳动时间，产品的数量、质量、品种、规格，成本价格以及使用的工具，都有严格的规定。原料的采购、产品的销售，则由行会统办。”① 因此，封建行会手工业制度是在自然经济基础上响应简单商品经济的需要而产生的，这种生产组织形式所固有的缺陷严重束缚了生产力的发展。

地理大发现造就的世界市场，为商品经济的跨越式发展创造了外部条件，它一方面迫使封建行会手工业制度解体，再加上封建领主经济的破产，独立生产、自主经营的家庭式作坊数量增加，生产呈现出离散状原子化形态；另一方面殖民贸易形成一个拥有雄厚货币财富的商人资本集团，它吹响了封建主义生产方式崩溃的挽歌。然而，尽管殖民贸易的掠夺性质使其能够获得货币财富，但终究是根源于流通领域，这种财富积聚方式难以持续；商人资本要想不断获得货币财富，就必须控制生产，这就是包买商制度的历史前提。商人资本对生产的涉入是一个历史渐进的过程，最初封建行会手工业者集生产销售于一身，随着商人资本的介入，销售业务就从行会中分离出来，统一由商人资本承担，这就是包买商制度；此后，包买商的职能由单纯地包销手工业者生产商品过渡到为其提供原材料和工具，反过来，小生产者的独立性日益丧失，而依

① 许涤新．政治经济学辞典（上册）［M］．北京：人民出版社，1980：286.

附性却不断增加，商人资本由此获得商业利润以上的部分产业利润。然而，由于生产方式依然是分散的家庭式作坊，商人资本还没有直接控制生产过程，它一方面借助货币运动摧毁了旧的生产方式，另一方面又寄居于封建作坊生产而阻碍了新生产方式的产生。

孤立分散的生产组织转变为社会化的生产组织，必须具备广大失去生产资料的自由无产者和少数掌握巨额货币财富的新兴贵族，这是建立新生产方式的两个因素。资本原始积累过程造就了这些前提条件：一方面它迫使直接生产者与生产资料两相分离，人数众多的农村贫民、帮工、学徒以及破产的行东等，不得不依靠出卖自己的劳动力为生，变身为雇佣工人；与雇佣工人形成相对应，资本原始积累造就了少数富商巨贾，他们积极介入生产领域，参与包买商及大作坊主队伍，共同扩张作坊生产规模，由此，封建式作坊就转变为早期的资本主义作坊。界定封建作坊向资本主义作坊转向的特征不在于它们物质技术基础的差别，关键在于简单协作；也正因为如此，马克思认为简单协作是资本主义生产方式的开端，因为“人数较多的工人在同一时间、同一空间（或者说同一劳动场所），为了生产同种商品，在同一资本家的指挥下工作，这在历史上和概念上都是资本主义生产的起点”。[①] 因此，简单协作是“多数劳动者在同一生产过程中，或在不同的但互相联系的生产过程中，在同一资本家指挥下协同劳动。它是资本主义生产发展早期阶段劳动社会化的一种基本形式”。[②] 作为社会化的劳动组织方式，简单协作较之之前的分散生产具有较多优点，例如生产资料共同使用节省成本开支、社会化劳动创造的集体力、社会交往提高工作效率等。尽管基于简单协作的资本主义作坊生产组织创新提高了劳动生产率，但是，社会分

① 马克思恩格斯全集（第42卷）［M］. 北京：人民出版社，2016：327.

② 许涤新. 政治经济学辞典（上册）［M］. 北京：人民出版社，1980：422.

工的缺位导致它难以适应资本主义经济的进一步发展，不得不让位符合新形势需要的生产组织形式——工场手工业。

二、工场式生产组织创新

世界市场的不断扩张，产品商品化程度也在日益提高，这急剧增加了发展生产力的要求。然而，空间上极为分散的生产方式，存在非生产劳动消耗很大，市场交易成本过高等问题，难以满足世界市场滋长的消费需求。即使资本主义简单协作已经将许多劳动力聚合在一起，完成了由个体劳动力到社会集体力的历史转变，但是，这些劳动力还只是简单凑合在一起，尚不存在真正意义上的分工协作等有机依存关系。为此，强化劳动过程的内在联系，进一步提高生产过程的连贯性就势在必行了。工场手工业时代来临，它是通过“先合后分”两种方式，完成了两种不同的生产分工体系。

前资本主义社会中地理分散的生产经营方式存在交易成本高昂，生产可控性差等弊端；在这种现状下，资本家首先想到的就是将手工业者集聚在一个开放而狭小的场地里进行生产，这种生产组织称为工场手工业。工场手工业首先进行的就是“合的过程”，即“资本家把不同行业的手工业者联合在一个工场里，实行分工协作，共同生产一种产品”①的生产方式，这种方式属于混成的工场手工业。生产方式尽管由作坊生产转变为工场生产，依然没有改变生产的技术基础，即工场手工业生产还是建立在手工业生产者之间分工的基础上，还是依靠先前的技艺诀窍，如马车工场中的马具匠、油漆匠等。以前是作为市场上独立的手工业者制作相应的马车部件，现在是集聚在工场内生产马车相应的部件。

① 许涤新．政治经济学辞典（上册）［M］．北京：人民出版社，1980：424.

当然这不仅是单纯工作地点的改变问题，空间距离上的改变对生产组织方式的影响非常之大，体现资本权力的行政命令取代平等主体间的市场交易，混成的工场手工业降低了生产经营成本，相应提高了生产效率，而资本权威的上升同时也意味着手工业者独立地位的下降；空间距离变化消减了非生产时间或无效时间，混成的工场手工业通过这种“空间消灭时间”的方式，加强了生产过程的连贯性，加快了资本循环和周转的速度，从而极大地提高了劳动生产率。

尽管混成的工场手工业造成劳动形式上隶属于资本，然而，由于它的技术基础没有发生改变，资本并没有从实质上控制劳动，进而控制生产过程。因此，在混成工场手工业基础上，生产方式必须继续蜕变，通过一个较之前相反的“分的过程”来进一步加强资本对劳动的控制。“资本家把同行业的许多手工业者组织在一个工场里，实行分工，在互相衔接的不同工序上进行操作，共同完成一种产品。”① 这种生产方式被称为有机的工场手工业，它建立在手工业生产者内部分工的基础上，尽管生产方式的物质技术基础仍然是依靠人力的手工业，但这种生产方式一方面异常简单，如制针工场，先前独立制针手工业者必须完成所有操作，现在仅需完成某个单一操作即可；另一方面，这种生产方式又异常复杂，操作工序名目繁多庞杂，它们共同构成了一个复杂的有机生产体系。由于工场所固有的开放场域增加了手工业者之间的社会交往，这为瓦解技艺诀窍提供了可能性，而资本想方设法确立自己权力的动机又为劳动的单一化提供了必要性。这种生产方式使手工业者进一步丧失了独立性，加深了对资本的依附程度；反过来，由于缩短了不同操作工序之间的空间转换，节省了大量非生产时间，这种生产方式又获得了由专业化分工所带来的高效率，至此，有机工场手工业成为工场手工业的完

① 许涤新．政治经济学辞典（上册）[M]．北京：人民出版社，1980：424.

成形态。

三、工厂式生产组织创新

随着资本主义生产方式的不断深入以及海外市场的拓展，对工业品的市场需求不断激发出来，工场手工业这种组织形式也难以满足汹涌澎湃的市场需求，问题的焦点还是集中在生产能力跟不上需求的步伐。当然，工场手工业生产组织中由于实现了场内分工，再加上资本对劳动的残酷奴役剥削和统治，工场式生产组织在相当程度上促进了生产力的发展，然而，这种生产组织形式难以摆脱场域开放空间结构所带来的缺陷，因而极大地限制了生产力的发展。由破产小生产者和农民组成的雇工队伍遗留了很多旧生产方式的痕迹，难以适应或不适应工场生产方式，从而产生了诸如对待工作随意、懈怠，在工场里面串岗、嬉闹等问题，这些忤逆资本权威的行为在工场这种开放的空间秩序中得到纵容放大。开放无序的空间组织结构难以形成资本主义生产所需要的有效劳动纪律，它给予劳动者以消极怠工的方式对抗资本压迫的机会，从而在工场中滋生了庞大的非正式组织，这些非正式组织与企业正式生产组织目标不一致，两者经常发生冲突，而体现为手工工具的资本也难以摆脱对人的依赖，难以通过技术手段完全实现对劳动的全程监控，因此，工场式生产组织阻碍了生产力的进一步发展，生产效率也难有明显的起色。

为了提高劳动生产效率，加强资本对劳动的控别，就必须打破旧生产组织的空间架构，从空间上将劳动者相对隔离，从而压制工厂中非正式组织的活动，形成严格的劳动纪律。工场手工业生产必须转向，形成新的生产组织形式，因此，工厂制生产组织应运而生。[①] 工厂制生产组

---

① 资本论（第1卷）[M]. 北京：人民出版社，2004：319.

织就空间形态来说，就是以空间分割为主要手段协调不同种类的工人进行生产劳动的组织形式。相对于开放空间的工场而言，工厂制生产组织的主要特征就是工厂内部空间架构的相对封闭，而封闭性又使资本居间的协调成为必要，这无形中提升了资本对劳动的权威。事实上，工厂式生产组织综合了混成的工场手工业和有机的工场手工业两者的优点：首先，这种相对封闭的空间结构使得劳动操作简单划一，工厂厂房形如蜂巢，条块分割使其功能类似于军队营房，相对封闭的工厂空间结构造成生产工艺流程秩序井然，工厂下设车间、工段、班组等建制，通过空间手段切断生产者之间的攀谈和串岗等无组织纪律行为；而隶属于特定组织的劳动者都具有完全固定的岗位设置，封闭空间造成他们心无旁骛，生产者不断地重复单一的工序操作，熟能生巧导致生产效率大为提高。其次，由于消费者对产品功能性的要求不断增加，产品的复合程度越来越高，这意味着工厂组织架构日益复杂，生产零部件的工厂班组等部门增加，导致部门林立且条块分割，而要将这些车间、工段和班组串接勾连起来，形成一个协调有序的工厂生产体系，资本的居中协调越发重要。资本按照工艺流程的具体要求，完善工厂制度，形成劳动纪律，责任到人，形成对劳动的全方位监控，防范劳动者消极怠工，从而加强了资本独裁的权力。

尽管工厂制生产组织从空间上奠定了资本对劳动的权威，确立了一套官僚行政管理体制，为后来的高效工厂生产创造了前提。但是，工厂制度的更大意义在于，它造就出了只会单一操作的技术片面化的工人，而先前的有机的工场手工业则创造了生产上专用的劳动工具，这两者的结合为机器大规模的应用奠定了基础。事实上，只有非人化的机器大生产才能真正确立资本的统治地位，促使工人实质上隶属于资本，巩固工厂制度的物质技术基础在于机器大生产。因此，从工场生产过渡到工厂生产，社会劳动生产率得到了极大的提高，生产组织的创新表明了社会生产力的巨大发展。

第 2 节　产业革命指向的生产过程创新

自由放任资本主义的发展，一方面造成生产力的极大发展和商品的极大丰富，另一方面其消费基础又不断被削弱。因为政府的缺位加剧了资本对劳动的挤压，它反过来侵蚀了消费市场。在劳资利益对立的前提下，资本主义缺少实现这些过剩商品的手段，最终演变成了 1929—1933 年西方世界的经济大危机，其原因表现为私人投资绝对过剩。如何使资本主义生产体系高效且可控呢？顺利推进产业资本积累势在必行。然而，彼时资本积累遭遇在手工业技术基础上资本有机构成低下的现实制约，因此必须颠覆旧的技术基础，建立新的机器生产体系可以快速提高资本有机构成，这就要求工厂改革生产过程管理，其实质是借助机器生产中应用的科技的必然性、稳定性取代生产者主导的手工业技术的偶然性和不确定性。在产业资本主导下，生产过程的创新历经了三次大的转变，包括泰罗制生产过程创新、福特制生产过程创新和丰田制生产过程创新。这种由“产业资本 + 机器体系”型构的企业规制推动了生产过程的创新，促进了中期管制资本主义的技术进步和生产力的发展。

一、泰罗制生产过程创新

通过生产组织创新，以封建社会末期破产的农奴为主体的小生产者纷纷“离土进厂”，资本主义市民化进程不断加速推进，不断变迁的生产组织创新最终演变到工厂制生产，这也意味着资本主义生产方式的空间整理阶段的完成。为夯实资本主义工厂制的物质基础，工业革命所引起的机器化大生产提供了技术保证，就社会化大生产而言，机器体系与工厂制生产形式之间是天作之合。当资本主导下的机器体系接管了生产，资本主义开始迈入一个新的阶段——管制资本主义阶段。它内在要求资本主义社会运转有序，这就必须先使作为资本主义生产细胞的工厂内部有序，由此，资本主义生产过程创新也就被提上议事日程。19 世纪末 20 世纪初，一种新的生产过程控制方式——泰罗制应运而生，[①] 它首先在美国以及其他欧洲资本主义国家实行，而后普及于整个资本主义世界。

泰罗制是因应旧式生产过程中普遍存在的经验主义而出现的。在旧式生产过程中，一线作业工人一身兼二任，既要进行具体的生产操作，又要思考操作方法，所有这些都取决于工人个人的经验，并且这些经验和技艺相对封闭，尽可能不让外人知晓。这种单纯依靠经验进行生产的方法是非科学的，资本家并不能够真正地控制生产过程。美国工程师泰罗在 1881 年揭开了对生产过程进行科学分析控制的帷幕。首先，他改革了工人一身二任的现象，将劳动和管理分开，一部分工人专门从事具体劳动，成为完成执行职能的劳动者，另外一部分工人专门从事计划管理工作，成为完成计划职能的管理者。后者借助秒表详细记录劳动工人完成自己工作所需的时间，然后分别进行一破一立两个过程，因此，这种过程创新分为两个阶段。首先是删繁就简的“破”的阶段，具体来说，管理者将劳动者中身体最强壮、技术最熟练的某个工人从所有从事

① 布雷弗曼．劳动与垄断资本：二十世纪中劳动的退化［M］．北京：商务印书馆，1978：78.

同一工种的工人中遴选出来，将其工作分解成尽可能简单的基本动作，然后使其紧张劳动，记录并分别测算出他完成每一个基本动作所需要的时间，再按照这些动作所需完成的任务的必要性给予分析，保留必要的基本动作，剔除或改进那些不必要的或者繁复冗余的动作，从而确定完成这些基本动作的最好、最快的方法，这是一种"高标准"的动作分析方法。其次是建章立制的所谓"立"的阶段，具体来说，就是管理者根据前一阶段确定下来的最好、最快的方法制定出标准的操作方法，相应地将完成基本动作所需的时间确立为标准时间，建立一整套的"标准作业方法""标准作业时间""标准工作量"等科学的工艺规程，通过文件资料形式建立"标准化作业"的档案材料（标准化作业材料的通用性便于其在相关类型工作中普及推广），然后将这些科学的工艺规程以书面计划的形式下发到劳动者手中，监督他们执行，贯彻得好的劳动者获得较高的工资，反之则反是，这是一种"严要求"的过程控制方法。

实践证明，泰罗制的推广应用取得了良好的效果，工业企业生产效率平均提高了 2—3 倍，"高标准严要求"形成高效率、低成本和高利润并存的生产新局面。然而，作为资本主义新生事物的泰罗制具有二重性，正如列宁所说："资本主义在这方面的最新发明——泰罗制——也同资本主义其他一切进步的东西一样，有两个方面，一方面是资产阶级剥削的最巧妙的残酷的手段，另一方面是一系列的最丰富的科学成就，即按科学来分析人在劳动中的机械动作，制定最精确的工作方法，实行最完善的计算和监督制等。"① 泰罗制这种生产过程的创新，进一步瓦解了劳动者对劳动过程的控制，并且标准化作业也为标准化、专用化机器的发明创造了条件。不断简化的操作使劳动对资本的依附程度逐步加

① 列宁选集（第 3 卷）[M]. 北京：人民出版社，2012：419.

深，资本主导权不断彰显，这进一步推动了社会生产力的发展。因此，泰罗制生产过程创新适应了资本主义经济新发展形势的需要。

二、福特制生产过程创新

尽管泰罗制生产过程创新导致了生产力的迅速发展，但它是以榨取工人更多剩余价值为前提的，实质上是一种血汗工资制度：一方面代表资本家财富的商品极大地丰富，而资本家自身消费需求总是有限度的，因而相对于极大丰富的商品，资本家消费意愿不足；另一方面泰罗制又导致工人仅仅勉强维持简单再生产，消费意愿强烈但收入不足，致使社会整体有效需求不足，这极大地削弱了资本主义消费基础。另外，泰罗制生产过程创新是建立在单一机器、单一工序基础上的，主体客体化进程没有最后完成，这导致了两个后果：其一，出于工作需要，生产者经常面临空间位置的变动，生产过程还是籍由人的节奏和机器的节奏共同决定，生产过程的连贯性较差；其二，单机生产导致生产直接面对消费，两者之间传导路径较短，很容易造成商品满溢的状态。事实上，这些矛盾最终导致了 1929—1933 年资本主义经济危机，以及列强为争夺全球消费市场的两次世界大战。当然，泰罗制标准化思想启迪了美国汽车巨头福特，他建立了第一条汽车流水生产线，将产品系列化、零件规格化、工厂专业化、机器及工具专用化、作业专门化等全面应用于汽车生产，一种建立在生产标准化、批量化基础上的福特制生产过程创新出现了。①

美国汽车制造商亨利·福特于 1913 年建立了人类第一条全新的汽

① 谢富胜．控制和效率：资本主义劳动过程理论与当代实践［M］．北京：中国环境科学出版社，2012：126.

车流水生产线系统，这是一项基于过程控制的生产技术创新，它深远地影响了资本主义生产方式。具体做法如下：先按照工艺流程布置好机械滚轴传送带，将汽车的底盘放置其上，然后开动电机使传送带运转起来，相应地带动汽车底盘向前运动，按照汽车生产工艺流程，每个工人都有固定的工序岗位，汽车传送带运行到哪个工位，相应工序岗位的工人就得给汽车底盘“添砖加瓦”，装上相应的汽车零部件，使其不断“丰满”起来，例如发动机、操控系统、仪表、方向盘、车厢、车轮等，最后当汽车传送带运动至流水生产线的末端时，一辆统一标准规格的完整车辆就被组装完毕。福特制生产过程的主要特点是：在实行产品标准化和生产自动化的基础上，利用高速传送装置连续不停地运转，强迫工人跟上传送带的节奏快速操作，从而使工人的劳动强度得到最大限度的提高，这极大地提高了劳动生产率和产出数量。福特制生产过程客观上造成了这么一种结果：资本的不断积累使生产资料优先增长，固定资本投入逐渐增加，先前的单一机器生产体系被社会化程度更高的机器体系所取代，生产到消费之间的传导链条延长了，生产的中间环节或中间投入规模更加巨大，这在一定程度上解决了生产过剩的问题。另外，由于工序岗位更加固定和更加紧凑的巨大规模生产流水线形成一种刚性积累模式，这种规模化、标准化的积累模式将资本主义生产导入一种更加可控、精巧的途径，也即全面管制资本主义。这种生产过程的创新导致福特制生产体系的生产效能更高，当然，它一方面通过加大固定资本投入解决生产相对过剩问题，另一方面，它又带来了更大的生产相对过剩的潜在问题。

上述是就狭义生产过程创新而言的。与此相适应，总体意义的生产过程创新还包括消费过程的创新，即集体消费（或公共消费）在很大程度上取代了私人消费，作为公共利益代理人的政府利用公共权力进行规模巨大的政府采购，通过这种强制消费形式人为地提高社会的消费力，相应地为相对过剩产品提供了一条出路，从而使资本主义社会消费也保持高效有序的可控状态。“通过深入分析福特主义的实质内涵，我们发现它将经济作为一个整体来对待，借助集体力量（国家凯恩斯主义），运用刚性的管理和控制组织方式。”[①] 实践证明，流水生产线技术创新惊人地提高了生产效率，例如汽车生产效率提高数以千倍计，这种效率的提高是以简化操作方法为手段，从而也是以瓦解劳动者技能为代价，工人成为片面化的机器附属物，劳动对资本也就由形式隶属过渡到实际隶属。

三、丰田制生产过程创新

两次世界大战导致战败国经济遭受严重破坏，战败国都面临在战争废墟上重建工业生产体系的艰巨任务。虽然福特制生产方式战后风行于资本主义世界，对于稳固战后资本主义国际经济秩序意义非常重大，但是，作为战败国的日本，既要面对一个被战争破坏的千疮百孔的破败经济现状，又鉴于日本国土面积狭小，资金短缺，生产资料匮乏，日本工业生产必须精打细算地进行精益生产，杜绝浪费。国内市场极为有限，又使得日本需应对不同的海外需求市场进行差异化生产。这种原材料和最终产品市场两头在外的尴尬境地使得日本工业不能完全照搬美国的福特制生产模式，为此，日本汽车巨头丰田公司在吸收福特制优点的基础上，发展了一种将批量生产与单件生产综合起来的新的生产过程控制方式——丰田制生产过程创新。[②] 这种新过程控制方式促进了战后日本经

① 刘爱文，艾亚玮．新经济地理学和批判经济地理学的分异［J］．当代经济研究，2009（10）．

② 谢富胜．控制和效率：资本主义劳动过程理论与当代实践［M］．北京：中国环境科学出版社，2012：138.

济的快速崛起，短短一二十年间，日本经济从战争废墟中一跃成为资本主义世界的第二大经济体，这使得丰田制生产过程控制模式风靡全球。

1953 年，日本丰田公司的副总裁大野耐一等人发现，福特制这种生产模式适合美国这种地大物博、资源丰富、市场广阔的国家，它是一种供给导向型的生产过程控制。日本所面临的国内外市场环境不宜完全照搬福特制，因为福特制遵循供给导向，生产与消费脱节容易引起生产过剩，可能引起的人员、设备、库存过剩是日本国情所不能承受之重。日本必须在大规模生产基础上按照需求导向对福特制进行改造，将大规模标准化生产转换为大规模多品种小批量生产，从而创造出一种高效率、低消耗的生产方式，这就是丰田制生产过程创新的前因。丰田制生产过程创新的内涵包括两大块："即时生产"和"看板管理"。"即时生产"以无库存或库存最小化为目标，要求生产系统对市场需求做出即时响应，为此强调生产计划和过程控制的先导性。为了保证多品种小批量生产的需要，传统的流水生产线需要全面改造，以应对需求变动而大力发展柔性技术与流程式生产，包括将生产体系分成不同的功能模块，产品零部件尽可能采用标准件或通用件；多任务生产时均衡配置产能，实现均衡化生产，并对生产场域实现专业化布局。为减少任务变动所需的转换时间，丰田制突出生产体系的柔性化，包括培养工人一专多能的劳动力柔性和发展多功能普适性的设备柔性。"看板管理"是为实现即时生产服务的生产流程现场控制方式，它一改传统罔顾需求的"推式"现场控制，即前道工序推着后道工序走这种为生产而生产的模式，转变为以需求为引擎的"拉式"现场控制，即后道工序按照看板拉着前道工序走这种为需求而生产的模式。"看板"相当于在企业内部引入一种模拟货币，市场订单转换为看板，后道装配工序凭借取货看板所示的标准化通用化零部件的品种和数量向前道生产工序取货，而前道生产工序又凭借生产看板进行上述零部件的生产。这样就使企业内部物料的流转显现出市场的形式，借助看板方式在目视范围内将供、产、销三者紧密结合起来，实施全过程管理，从而极大地减少了物资储备和库存，提高了生产效率。

那些采用丰田制生产过程创新的制造企业生产效率大为提高，这种卓越表现使其得以在全球推广，有资料表明，美国某企业对采用丰田制生产过程控制方法管理生产线前后的绩效进行对比，短短 9 个月，生产产品的前置期缩短 93%（从 12 天缩短为 6.5 小时）；在制品存货期缩短 83%（从 9 小时缩短至 1.5 小时）；最终成品存货量减少 91%（从 30500 单位减少至 2890 单位）；生产力提高 87.5%（从人均每小时生产 2.4 件增加到 4.5 件）。基于此，丰田汽车公司的利润率长期以来大幅领先其竞争对手。丰田制生产过程创新勾连着刚性积累体系和灵活积累体系，一方面意味着前一阶段过程创新的终结，另一方面又将开启新的模式创新。机器体系基础上的生产体系的柔性化表明生产社会化程度的不断提高，进一步暴露了产业资本的腐朽性与寄生性。

第 3 节　金融革命指向的生产模式创新

管制资本主义在快速提高生产力的同时，也带来一个相对富足稳固的资本主义状态，凸显的市场问题使得资本快速积累丧失了实现的基础，资本主义基本矛盾空前加剧，1968—1972 年，一场席卷整个资本主义世界的滞胀危机终结了战后资本主义发展的黄金期，危机肇因表现为政府投资过度。如何在丰裕社会中突围，拓展新市场，激发消费者的潜在需求，增强市场亲和力也就成为资本主义企业生死攸关的重大问题。而所有这一切都要求软化资本主义生产体系，通过市场引导生产，其实质就是通过市场整理和市场挖掘，即时转换生产模式。20 世纪 80 年代以来，信息技术革命改变了先前的物质技术基础，强化了资本的独立价值表现，形成了金融全球化的新格局。在迅速流动的金融资本操控下，生产模式创新历经三种形态：定制化生产模式创新、流程化生产模式创新和协同化生产模式创新等。这种由“金融资本 + 信息技术”催生的市场规制推动了生产模式创新，这种以市场需求为导向的生产模式创新就意味着资本主义进入一个新的历史时期——新自由资本主义阶段，也意味着社会消费力对社会生产力发展的强烈反制。

一、定制化生产模式创新

生产过程创新表明管制资本主义在相当程度上促进了社会生产，在资本主义制度容许的范围内，社会生产力得到了较大程度的释放和进步，作为资本主义财富细胞的商品琳琅满目，极为丰富，它席卷了整个资本主义世界，在追求交换价值的基础上相应衍生出商品拜物教、货币拜物教以及资本拜物教。然而，滞胀危机将严重的市场问题暴露了出来：其一，管制资本主义在较大程度上完善了社会保障体系和福利体系，满足了全社会的基本需求，较高的集体消费水平使消费市场趋近饱和，生产相对过剩已成为资本主义生产的新常态；其二，经过长期的战后重建，日本、德国等战败国经济突飞猛进，经济实力快速增长，随着资本主义国家之间实力此消彼长，资本主义世界也由美国一家独大的一极世界过渡到了美、日、欧等列强并存的多极世界，争夺海外市场的竞争异常激烈；其三，管制资本主义长期发展所致的贫富两极分化，使财富集中于少数资本家手中，他们更奢侈的需求构成市场需求的真正主体，这些所谓高层次的需求往往差异化极大，要满足这些有着巨额财富的资本家的需求，一对一生产很有必要。综上这些因素都导致市场竞争更加剧烈。市场亲和力决定一切，生产必须面向市场和坚持买方市场导向，定制化生产模式是应小批量个性化生产而出现的，它的出现也就意味着资本主义步入以市场拜物教为内核的新自由主义阶段（相应指称较多，如后工业社会、晚期资本主义、消费社会或丰裕社会等）。

新自由资本主义是一个信息资讯的社会，各类市场信息充分涌流，挖掘市场信息并把握信息真正价值成为企业家最基本的职能。因此，快速处理市场信息成为左右资本主义企业生死存亡的事情，多变的市场需求像一根无形之线，牵引着市场创新的方向。市场经济下，“不创新毋宁死”的观念融入资本家的血液。在此情形下，买卖双方权力反转：市场情势由先前卖方市场，即卖方生产什么，买方就消费什么，转变为现在的买方市场，也即买方需要什么，卖方就得给我生产什么。先前那种批量生产、集体消费的刚性生产方式已经难以适应多变的市场需求。市场发展的特征趋势就是消费者主导地位取代了生产者的主导地位，信息技术革命为此转换提供了技术基础。发掘并满足个性需求成为企业突出重围的法宝，企业必须在充分尊重用户意见的基础上，借助计算机信息技术在生产上的广泛应用，根据用户的特定需求进行定制生产，也即收集用户对相关产品的样式形态等外在形式甚至功能属性等内在特性上的特殊偏好。企业直接面对用户从而生产直面市场，用户的需求第一时间被反馈给企业设计部门，借助于计算机辅助设计（CAD）技术，将这些个性化需求糅合进企业产品的设计过程中。然后通过计算机辅助制造（CAM）技术，按照产品设计的特殊要求调度相关生产部门，通过自动化生产技术进行即时生产，这种柔性化生产能够快速响应用户需求以及应对市场需求的变化。

在定制化生产模式下，谁抱残守缺、固守成见、缺乏市场亲和力，市场就淘汰谁。因此，新形势下企业要做大做强，需要做好两个方面的事情：其一，企业都必须更加注重用户体验和用户参与，建立愉悦互动的沟通渠道，不断与用户良性互动，挖掘这些体验中有价值的信息，糅合进自身创新进程中，生产出更加符合用户需求的产品；其二，企业要大力发展和引进国内外先进的计算机辅助设计和制造技术，用这些计算机技术改造传统的生产系统，不断提升生产系统的柔性化，从而快速响应市场需求进行即时生产。

二、流程化生产模式创新

在管制资本主义社会的刚性积累体系中，生产过程创新都是建立在规模巨大的流水生产线的基础上，经年沉淀下来的以基础性设施为代表的固定资本生产体系庞大，刚性积累后果就是资本主义生产体系极为僵硬笨重，机构重叠臃肿且运转困难。与此相适应的企业官僚式行政管理体系存在着过多的非生产性费用，增加了企业的运营成本。而随着产业资本的不断积累，以剧增的固定资本为表征的生产资料优先增长，导致不变资本快速增长。相应地，资本有机构成不断提高，平均利润率下降，出现资本严重过剩现象。另外，囿于固定资本自身周转缓慢的内在特征，臃肿庞大的机器生产体系的价值难以快速转移，日新月异的科技革命使其难以承受价值革命的致命性打击。由于固定资本规模巨大，企业在面对多变的市场需求时难以华丽转身。这种刚性积累体系的痼疾一方面导致非生产性费用上升，另一方面又使得平均利润下降，非生产性费用侵蚀利润使这种生产体系运转更加困难。事实上，在管制资本主义末期，特别是丰田制生产体系下生产体系已经出现软化迹象，到了定制化生产模式下，这种软化趋势进一步加剧，借助计算机技术改造其技术基础，能够快速应对市场需求变化。然而就响应需求提高生产效果来说，定制化生产效果毕竟还是有限，因为建立在机器体系上的工厂纵向官僚行政管理体系并没有被触动。

真正给刚性积累体系致命一击的，还是汹涌澎湃的信息技术革命。随着信息技术革命的发展，特别是互联网的传播，先前的产业资本、商业资本两相分离的生产运营模式遭遇互联网革命，互联网不断解构那些空间固定的巨额固定资本，破除生产经营活动中官僚行政管理模式。因为后者无形中拉大了从生产到最终消费之间的距离，而日益凸显的"生产消费一体化"趋势更能体现生产对象化程度以及更直接地体现生产的目的性。生产日益贴近消费以消弥生产消费之间的界线，这种生产扁平化趋势消减了过多的中间环节，在一定程度上消除了为生产而生产的弊端。企业运营成本的锐减，极大地降低了过多的非生产性费用。信息通信技术的发展，在增加横向管理幅度的同时，减少了纵向管理层次，从而降低了信息传递的失真与扭曲。这种建立在信息技术革命基础上的横向扁平化管理是对纵向官僚行政管理体系的革命，它要求企业生产体系重组以应对市场需求的变化，也即生产流程再造。这是依据生产价值链中不同部分对于企业价值增值的影响程度不同，结合企业自身的资源禀赋情况，有选择地将企业更多资源用于对企业贡献大的生产环节，将部分生产资源从对企业贡献小的生产环节中移出，甚至将这些生产环节转移外包出去，因此企业的生产流程必须重新改造。

这种流程化生产模式创新就是在信息通信技术发展的基础上，基于市场需求的变化，依据企业自身条件，有选择性地从事价值链条中高端的研究开发环节，或是低端的加工制造环节等，形成一个跨企业间合作的分工体系。生产流程如流水一般柔性化起来，流程再造使生产组织具有很大的弹性和适应性，能够应市场需求再造出不同的生产模式，因而特别符合代表市场新潮流的产品研发生产。这种流程化生产模式实质上是一种项目化生产，它实现了管理由纵向化转变为横向化，这既可以通过减少中间管理环节以减少非生产性费用，又可以通过降低库存积压以减少生产性费用。

三、协同化生产模式创新

流程化生产模式创新虽然减少了中间管理层级，在相当程度上消除了官僚行政管理体系的弊端，拉近了生产与最终消费之间的距离。然而，作为其基础的信息技术却具有自我革命的性质，日新月异的信息技术发展不断激发消费者各种各样的需求，消费行为模式更加灵活和多变，这深度地分化着现代消费市场。而金融资本又推波助澜，新颖多样且不断翻新的现代金融服务方式不断造就新的需求市场，特别是消费市场。因而对于单一生产企业而言，现代化的市场更加变幻莫测，市场需求更加捉摸不定。随着市场需求结构的升华，消费者对产品品质提出了更高的要求，特别是产品功能的集成化要求。单一企业单一专业结构难以应对这种新局面，因为先前的生产模式还仅局限于自身作为生产主体，依靠企业自身竞争的单兵作战模式远远滞后于市场需求的发展。

先前的互挖墙脚、你死我活的市场竞争其结果往往是两败俱伤，在新形势下这种竞争模式不再适用。因为当前的市场竞争态势不但位置前移，上溯到处于价值链顶端的研发阶段，也即竞争不再是从生产制造开始，而是直接肇始于研究开发阶段；非但如此，而且全程化了，囊括了生产链条的所有阶段。为应对市场需求的新变化，企业应该共同做大市场，建立新型的竞争合作关系，共同打拼天下。为此，企业至少应具备两种思维：其一是动态性思维，因为市场需求如流水，变幻莫测，现代企业应该具有前瞻性眼光，及时把握市场的潮流和趋势，未雨绸缪，提前做好相应的决策预案。其二是系统性思维，现代经济是一个复杂性系统，涉及全社会诸多经济主体间方方面面并且错综复杂的关系，而复杂系统是远远超出单一企业决策能力的，企业必须具有全局性眼光，跳出自身的窠臼，系统性地看待问题，整合相应的生产资源。因此，各个企业都需要对原来的生产体系大破大立，基于产品价值链的分布和各自的核心竞争力来找准自己的位置。由于产品价值链的每个环节都利益攸关，各个企业需要打破自身界限，重新界定本企业与其他企业、与政府以及与社会等外部环境之间的关系，形成新的竞争合作关系，从整体的角度揉合各类生产要素，在实现共同目标的同时实现各自的目标，这些可称为协同化生产模式创新的前景。至此，协同化生产模式创新的内涵也就大致被勾勒出来了。

协同化生产模式创新的实质在于突破经济主体间的外部壁垒，通过充分汇聚各自的人、财、物等硬件生产要素和知识、信息、技术等软件生产要素，实现优势互补，有效汇聚各自的核心竞争力以实现深度合作。协同化生产模式创新的最大意义在于，它改变了生产过程创新中围绕生产整合生产系统的传统做法，转变为当前的围绕市场需求整合生产系统。协同化生产模式创新是一项复杂的创新模式，它包括高校、科研院所以及企业等核心构件，以及政府、金融机构、中介组织的创新平台、非营利组织等辅助构件，通过这些主体核心竞争力的整合和协同，使这个系统产生一种叠加的正外部性。然而，如何打破企业壁垒呢？推动协同化生产模式创新的背后力量是什么呢？这就要归结为金融垄断资本的作用，交叉持股使金融资本在形式上非常分散，但实质上却是高度统一的。这些金融垄断资本能够基于整体利益最大化原则，通过其国家或国际代理人，在国家甚至国际层面对生产要素进行整合。

第 4 章　创新驱动发展战略的自然依归

党的十八大报告明确提出："实施创新驱动发展战略……抢占科技发展战略制高点。"[①] 此前长期实施的低成本要素推动模式遭遇历史瓶颈，负面效应不断显现，由此创新驱动发展战略正式破题。而在 2014 年 8 月召开的中央财经领导小组第七次会议上，习近平总书记进一步提出，"推进经济发展方式转变和经济结构调整，必须把创新驱动发展战略实施好。实施创新驱动发展战略，就是要推动以科技创新为核心的全面创新，坚持需求导向和产业化方向，坚持企业在创新中的主体地位，发挥市场在资源配置中的决定性作用和社会主义制度优势，增强科技进步对经济增长的贡献度，形成新的增长动力源泉，推动经济持续健康发展。改革开放 30 多年来……我国依靠要素成本优势所驱动、大量投入资源和消耗环境的经济发展方式已经难以为继我们必须认识到，从发展上看，主导国家发展命运的决定性因素是社会生产力发展和劳动生产率提高，只有不断推进科技创新，不断解放和发展社会生产力，不断提高劳动生产率，才能实现经济社会持续健康发展。"[②] 创新驱动发展战略

---

① 胡锦涛. 坚定不移沿着中国特色社会主义道路前进，为全面建成小康社会而奋斗——在中国共产党第十八次全国代表大会上的报告［M］. 北京：人民出版社，2012：21.

② 中共中央文献研究室. 习近平关于科技创新论述摘编［M］. 北京：中央文献出版社，2016：30.

的提出，既是人类历史发展的必然，也是日趋恶化的环境问题倒逼所致；随着社会生产力和社会实践的发展，人类与自然之间物质能量交换的吞吐量规模越来越大，环境问题也就成为全人类共同面对的难题，这个严峻问题关系全人类未来的生死存亡，任何国家、地区和个人都难以置身事外、独善其身，因为自然资源破坏和环境污染问题日益威胁着自然生态环境，进而威胁到人类自身的健康和子孙后代的繁衍生息。产生环境问题的物质基础在于资源消耗为导向的外延式技术创新，这种技术创新使得自然环境不堪重负，解铃还须系铃人，为了降低资源和能源的过度消耗，改善生态环境使其更适宜人居，加快粗放式经济增长方式向集约式经济发展方式转变，必须转变技术创新的方向，提高技术创新的内涵质量，实施创新驱动发展战略，这对于我国经济社会持续健康发展具有十分重要的意义。

第 1 节　技术 – 经济范式

18 世纪开端的工业文明开启了人类社会的新纪元，躁动不安的人类时代倏然而至，经历了文艺复兴洗礼的西方思想界终于抛却了对自然的敬畏感，决绝地摒弃自安天命的生产方式，喊出了“知识就是力量”的口号，在此信念的支撑下，人类似乎跃居至自然的主宰者地位，人类中心主义思想得以确立。由此，人类对自然有了更多的遐想，而技术提供了实现梦想的钥匙。人类欲望产生了对技术进步日益强烈的依赖，而技术进步又带来更加膨胀的人类欲望，要解决这个矛盾就有赖于经济的不断增长，经济增长具有至高无上的优先性是这一时期最重要的思想。

一、动力技术创新

资本主义生产方式一建立，就进入了自由资本主义时期，为了征服广阔的非资本主义外部市场，革新先前人力作为生产动力源问题迫在眉睫，因此，资本主义企业一开始就在动力技术上进行创新，整个过程先后共经历水力、蒸汽动力、电力等不同阶段。事实上，早期资本主义企业都建立在河流等水力资源丰富的场所，目的是为了借助于水力来带动工作机运转，这个阶段主要是依赖于自然界动力源进行生产，尚未确立资本主义生产的稳固技术基础。随着 1785 年英国修理工瓦特改良了蒸汽机，成为第一次工业革命的标志，人类由此进入了蒸汽时代，对煤炭燃料需求大为增加；1831 年英国科学家法拉第发现了磁电感应现象，引领了第二次工业革命的浪潮。自此以后，电力广为应用，1866 年德国工程师西门子发明了发电机，标志第二次工业革命正式拉开帷幕，1870 年比利时工程师格拉姆发明了电动机，1882 年塞尔维亚工程师特斯拉发明了交流电，电力逐步取代蒸汽动力，作为主要能源应用于生产生活中，从而开启了一个新的“电气时代”。因迫切需要将煤炭类石化燃料转化为电力，动力技术创新又转移到另一个方向，即内燃机的发明应用——1860 年法国工程师雷诺制成第一台实用的爆发式内燃机，1883 年德国工程师戴姆勒又制成以汽油为燃料的内燃机，1885 年德国机械工程师卡尔·本茨制成第一辆汽车，1897 年德国工程师狄塞尔发明了柴油机。这些技术创新增加了对包括煤炭、石油等在内的石化燃料的需求。

我们之所以将这个时期的资本主义称之为自由资本主义，是因为这个时期的资本主义尚处于历史上升期，能够促进社会生产力的发展。然而，自由资本主义意味着资本对劳动的统治是非常残暴和血腥的，资本权力非常狂野，自由剥削和压迫，完全不受任何羁绊约束，之所以如此，一是因为广阔的外部非资本主义市场为资本进行积累提供了外部条件，二是因为这个时期工人阶级尚未完全成熟壮大。

二、生产技术创新

20 世纪初，自由竞争资本主义开始逐步向国家垄断资本主义阶段过渡，银行资本与工业资本融合生长，转变为新型的金融资本，资本主义日益成为一个以劳资双方为主体的纯净生产体系，资本积累遭遇现实资本有机构成低下的制约，金融资本进行资本积累要求资本有机构成快速提高，美国汽车制造商亨利·福特为了提高资本的有机构成，于 1913 年进行了一项对资本主义发展产生深远影响的生产技术创新——建立了一条全新的汽车流水线生产系统，生产流水线的技术对于生产效率提高是非常惊人的，比如每一辆流水线生产的 T 型汽车的组装时间仅为 10 秒，生产效率较之原来提高了 4488 倍。

流水线生产系统的成功使它得以迅速推广，特别是在第二次世界大战后资本主义经济重建过程中，主要资本主义国家都在经济生产系统中引入此项技术创新，特别是制造业部门。人们将这种标准化流水线生产方式称之为福特主义，它的主要特征是刚性积累过程，其特点体现在生产的批量化、标准化和消费的大众化。资本主义世界呈现出大规模生产、大众消费的面貌，资本主义也由此进入了其所谓的战后黄金时期（1945—1973 年）。和自由竞争资本主义相对应，这个阶段的资本主义生产过程必须有序、稳定、可控，这些也就成为那时资本主义生产的最大特征，因而这个阶段的资本主义也被称之为管制资本主义。然而，生产流水线系统需要规模巨大的固定资本投资，这种标准化生产系统使得固定资本投资规模越来越大，生产的工业品越来越丰富，因而对作为生产原料投入的各种生产资料的需求数量也越来越多，生产资料优先增长规律作用明显。

三、信息技术革命

第二次世界大战后美苏对抗推动了信息技术革命。20 世纪 60 年代美苏之间核威胁乌云压顶，冷战形势加剧，为抢占科技制高点，两大集团都加速推进以计算机技术为代表的高科技发展，20 世纪七八十年代微处理器技术、TCP/IP 协议以及 Internet 互联网等成功商业化推广，信息技术基础确立起来，发展一日千里。这里我们首先回顾一下信息技术革命的标志性事件：1949 年，根据科学家冯·诺依曼提出的程序设计思想，美国研制出人类历史上第一台名为 ENIAC 的计算机，它为将来人类社会发生翻天覆地的变化埋下了伏笔。1969 年，美国高级研究计划署（Advanced Research Project Agency）为防备其军事指挥系统遭到苏联的核攻击，建立一个俗名为阿帕网（ARPANET）的多中心的计算机军用网络。1971 年美国英特尔公司推出了世界上首款商用计算机微处理器 4004，这件划时代的作品只有不到 100 美元的成本，低廉的成本成功地使计算机技术实现军用转民用，使其商业化运作大获成功。20 世纪 80 年代 TCP/IP 协议的出现与推广，实现了不同设备终端以及不同架构的网络之间无缝连接，从而真正实现了互联互通，互联网（Internet）也就取代了先前的阿帕网。信息技术革命对人类社会的生产生活产生了巨大的影响，致使现代化生产生活方式无不打上信息技术的烙印。

随着信息技术和生产自动化技术的蓬勃发展，世界范围内的生产与消费需要重新构型，一种更加富有弹性和灵活性的生产体制——“弹性积累”出现了，这种积累模式的主要特征是：即时生产（JIT 模式）、精益生产、生产定制和买方市场，空间亦障碍不断被消除，空间亦被极大地压缩。虚拟工厂、生产外包等新生产方式不断推陈出新。卖方市场转换为买方市场的问题关键是尽可能增加消费需求，于是在国际金融垄断资本的操控下，千方百计地刺激人们的种种消费需求，消费信用在此过程中推波助澜，消费资料需求急剧增加。根据这些特点，人们赋予此阶段的资本主义为：新自由主义的资本主义、晚期资本主义或后工业社会。总而言之，信息技术创新改变了资本积累模式，软化了社会组织结构，也不断造就新生产部门和新消费需求，反过来又进一步加快了信用技术创新的步伐，最终不断改变社会生产生活方式。

第 2 节 “满”的世界

工业文明史就是技术狂飙史，它打破了人与自然之间以往的均势，人类与自然之间如田园牧歌似的和谐关系不复存在，人类中心主义粗暴地逾越人类与自然之间的默契界线，人类不断扩张自己的活动领域，挤压自然的边界。因而对于资本主义生产方式而言，自然只具有工具意义的存在，仿佛只是人类玩弄的魔方材料，被随意摆弄重置。事实上，在任何特定历史时期，自然与人类社会之间总会有一个相对确定的界限，他们都必须在各自的界限内活动。人类的经济活动存在一个最佳规模。人类从事经济活动必须固守这个底线，如果人类逾越了这条底线，必然会遭受大自然的报复。

一、生产社会

随着科技的进步，资本积累加速推进，资本主义生产方式不断扩张地盘，先前遗留的落后生产方式残余不断被荡涤，资本主义日益转变为一个资本雇佣劳动的纯净生产体系，绝大多数生产活动服从于无止境获取剩余价值。为了获取更多交换价值，加速资本积累就成为主要的选项，于是服务于资本扩大再生产的各类信用不断膨胀：从生产角度来看，商业信用不断扩张，生产效能越来越高的固定资本投资规模日趋膨大，这使得社会劳动生产率迅速提高，以原材料为主体的生产资料的消耗急剧增加，生产性消费规模扩张；从消费角度来看，种类繁多的消费信用日新月异，规模不断膨胀，极力刺激人们的消费需求，导致全社会物欲横流，生活性消费不断增加。社会生产过程中作为基础的生产和作为目的的消费这两极之间也形成正反馈相互推动，致使人类与大自然之间物质交换的规模越来越大，这表明科学技术的发达昌明，在资本主义制度容许的范围内社会生产力得到了很大程度的释放和进步，作为资本主义财富细胞的商品琳琅满目，极为丰富，它充斥着世界的每一个角落，对交换价值的追求衍生出商品拜物教，资本主义社会步入消费社会或丰裕社会。与此相应而生的是，商品充斥世界致使大量原生自然资源被卷入了生产活动，如各类矿石、石化资源、渔业资源、森林等，因为它们是社会财富的必要构件，因而是交换价值的物质承担者，然而，交换价值运动是无界限的，大自然承载了人们无限的财富梦想，因而向大自然进发和索取也是无度的！

二、资源的熵与阈

事实上，资本主义财富梦想推动着商品生产，孕育着财富梦想，承托起丰裕社会，发财致富的动机驱使人类向大自然无限索取，大自然是满足人类需求的最终支撑系统。然而地球却不能无限支撑人类的这种要求，因为地球是一个有限的星球，其所承载的经济资源是有限的。按照这些经济资源是否可再生的性质差异，可将它们分为非生物资源（不可再生的经济资源，如化石燃料、矿物等）和生物资源（可再生经济资源，如森林、渔业等），对这些经济资源的索取应遵循不同的规律。就非生物资源来说，它们不可逃脱热力学定律的制约，特别是热力学第二定律的制约，“热力学第二定律指出能量总是向质量降低的方向转变。”[①] 这种转变是通过专用术语“熵”来表示，因此它又称为熵定律。“熵”意味着无序程度，热力学第二定律用“熵”语言来说，即能量总是由低熵的自由能向高熵的束缚能转变，而这种束缚能是人类所不能利用的，并且这种转变是不可逆的。熵定律是自然界普遍规律，作为不可再生的非生物资源的石化燃料、矿物等，同样不能逃脱熵定律的制约，也是不断由低熵状态向高熵状态转变，逐渐变得不可利用，这意味着可利用的非生物资源将会变得越来越稀少。作为生物资源来说，它是一种可再生经济资源，这种资源作为人类生产商品投入的原材料的主体，除了要受熵定律作用外，同时也在吸收太阳能而转变为低熵资源。因而对这些资源的开采就存在一个名为临界退偿水平的生态阈值，这个生态阈值表明，维持这些如森林、渔业之类的生物资源持续存在所应保持的最

① 赫尔曼·E·戴利．生态经济学——原理与应用［M］．郑州：黄河水利出版社，2007：89.

小种群数量的大小，相应地，这个阈值规定了生物资源最大开采量，如若逾越，生物种群就会消亡，同样，作为可再生资源系统，它也存在一个最优开采量的生态阈值——最大可持续产量，这个生态阈值表明该系统能保持稳定存在的可开采量。尽管最大可持续产量的生态阈值客观存在，然而，由于生物资源系统是一个复杂系统，其背后机理尚未完全弄清，人们在开采生物资源时仍应谨慎从事。

三、生态超载

"太阳底下没有新鲜事"。所谓工业文明"奇迹"的背后都伴随着声声"地球的哭泣"。这个有限的星球仿佛是收集人类社会废弃物的垃圾场，堆积如山的人类废弃物致使地球满目疮痍、不堪重负。正如恩格斯指出："我们不要过分陶醉于我们人类对自然界的胜利。对于每一次这样的胜利，自然界都对我们进行报复。每一次胜利，起初确实取得了我们预期的结果，但是往后和再往后却发生完全不同的、出乎预料的影响，常常把最初的结果又消除了。"[①] 由于化石燃料易得，人类对化石燃料过度滥用，导致全球出现显著的温室效应，地球生态系统也早已不能吸收人类社会释放的二氧化碳，这种生态超载状况让地球早已不堪重负，显现出土地退化、森林萎缩、淡水资源减少、渔业资源衰退、生物多样性日益丧失等一系列生态灾难。这些生态环境问题都是伴随着社会经济发展过程中出现的，其根源存在于人类社会特殊的生产方式。在以获取交换价值为目的的社会生产中，人类一方面无止境地向大自然索取财富，因为它们是交换价值的物质承担者，这种索取远远突破了大自然自身的再生能力，从而造成自然资源枯竭和环境质量恶化等问题。

---

① 马克思恩格斯选集（第 4 卷）[M]. 北京：人民出版社，1995：383.

另一方面，随着社会实践的发展，人类与自然之间进行物质能量交换的吞吐量越来越大，人类生产生活过程中所产生的废弃物或排泄物，由于这些废弃物和排泄物的负外部性没有在制造主体的生产成本中得到反映，导致它们大量涌入大自然中，超越大自然容许范围，从而污染和破坏了环境。首先从煤炭、石油等非生物资源来看，学界通常采用石油峰值①来计算开采石油资源开采拐点，后来被推广到其他不可再生的其他资源。据厦门大学中国能源经济研究中心主任林伯强的测算，“全球煤炭消耗峰值或在 2020—2022 年”②，另有其他专家预测，“天然气峰值是 2020 年来临，化石能源峰值则是在 2030 年左右全面来临。”③ 这些石化工业也就成为地球生命中不能承受之重。其次从可再生的生物资源来看，通常用地球生态超载日来估算这些生物资源的可持续性。据世界自然基金会发布的《2012 年的地球生命力报告》数据，“人类目前每年消耗着 1.5 个地球的生态资源……8 月 20 日是 2013 年的地球生态超载日（又称生态越界日、生态负债日）。到 8 月 20 日，人类已经用完了地球本年度可再生的自然资源总量。也就是说，在 2013 年剩下的四个多月里，我们进入了生态超载阶段，在生态赤字的状态下，我们将透支自然产品和生态服务。”④ 更为重要的是，这些生物资源组成的生态系统本来具有很强的废物吸收能力，由于人们不断扩张的经济活动超越了这些生物资源的临界退偿水平的阈值，造成很多生物资源种群的毁灭，从而降低了生态系统净化废物的能力，现在我们“正处于一个‘满’的

---

① 源于 1949 年美国著名石油地质学家哈伯特发现的矿物资源“钟形曲线”规律。哈伯特认为，石油作为不可再生资源，任何地区的石油产量都会达到最高点，达到峰值后该地区的石油产量将不可避免地开始下降。

② http：//www. china5e. com/news/news - 883309 - 1. html.

③ http：//www. ccin. com. cn/ccin/news/2012/08/16/237377. shtml.

④ 引自《地球进入年度生态赤字：可再生自然资源耗尽》，http：//tech. sina. com. cn/d/2013 - 08 - 27/09278679807. shtml.

世界，经济规模不断扩大会导致无法接受的成本。尽管人们过去担心的是资源枯竭，即‘源’的问题，但事实上，限制经济增长最关键的是环境的废物吸收能力，也就是‘汇’的问题。”①

第 3 节　中国“足迹”

就我国而言，改革开放 40 多年，市场活力得以释放，经济增长异常迅速。我国 GDP 增长速度多年保持在高位运行，经济总量连年攀升。2010 年，中国 GDP 一举超过日本，跃居世界第二位。我国经济取得了举世瞩目的成绩，国际地位得到了极大的提升，相应地，人民生活水平得到了极大地改善，这被西方经济学界称作“中国奇迹”。然而，我国基本国情仍然是人口众多、可耕地少、人均资源相对不足、生态环境较为脆弱、经济社会发展极不平衡。对于这样一个脱胎于传统计划经济体制的发展中大国来说，经济初期发展会由于劳动力众多、自然资源没有正确定价等这些有利因素而取得较为明显的效果。

一、GDP 之殇

随着 GDP 主义在我国经济生活中风行，在“挖坑填坑”和“破窗”理论指导下，投资饥渴症在中华大地疯狂上演，使得工业化、城

---

① 赫尔曼 · E · 戴利．生态经济学——原理与应用［M］．郑州：黄河水利出版社，2007：89.

市化不断被推进，最终，生态资源家底并不充裕的我国，出现了环境约束自然。GDP 至上伤害最大的就是生态环境，反过来它又影响到我们的生活质量。这种 GDP 主义带来的后果非常严重：2009 年，中国、美国、日本的 GDP 在世界占比分别为 8.6%、24.3%、8.7%；然而，他们的煤炭消耗在世界中占比却分别为 46.9%、15.2%、3.3%；相应地，石油消费量在世界中占比分别为 10.4%、21.7%、5.1%。总体而言，2009 年我国能源消费总量在世界中占比高达 19.5%。[①] 另据林岗教授的统计，“2009 年我国国内生产总值占全球的 8.5%，但是在制造资源消耗的占比中，钢铁 46%、煤炭 45%、水泥 48%、石油天然气 10%，主要行业单位产品的能耗比世界先进水平高 40% 以上。”[②] 这样一些反差明显的数据表明了我国畸高的单位产出能耗比率，它对我国生态环境造成非常大的压力，我们可以借用“生态足迹”[③] 这个概念来反映这种状况。据《中国生态足迹报告 2012》显示，“虽然中国的人均生态足迹低于全球平均水平，但是由于人口庞大，中国正以 2.5 倍的速度消耗着生态环境能力。”[④] 也就是说，中国消耗资源的速度 2.5 倍于自然资源恢复速度。我国长期以来生态赤字状况所导致的环境灾难也是非常严重的，诸如大气污染、水环境污染、垃圾、土地荒漠化和沙灾、水土流失、旱灾和水灾、生物多样性破坏、持久性有机物污染等问题。而像“80% 河流枯竭”“64% 城市地下水严重污染”“70% 的主要河流严重污染”“2/3 草原沙化”“我国多地遭遇严重雾霾天气”等新闻更是不绝于报端，这些都是由于我们“掘地三尺”的粗放式经济发展方式所带来的中国环境之殇。

---

① 马建堂. 全面认识我国在世界经济中的地位 [N]. 人民日报，2011-3-17.

② 林岗. 中国经济增长的条件变化分析 [J]. 理论探索，2014 (3).

③ 指在世界平均消费水平下，满足普通个人生存所需要的生产性土地和海洋面积。

④ 引自《中国生态足迹报告 2012》，P12。

二、技术进路

我国实施创新驱动发展战略既可以说是被生态环境恶化倒逼而为，也可以说是顺应国际趋势的主动施为。作为创新驱动根基的技术创新，就是人类自由的拓展以及向可能性领域的进发，与必然因果关系是格格不入的，因此西方经济学标准模型根本指导不了它。美国管理学家迈克尔·波特把经济发展划分为 4 个阶段：第一阶段是要素驱动阶段，第二阶段是投资驱动阶段，第三阶段是创新驱动阶段，第四阶段是财富驱动阶段。“资源和环境的约束需要寻求经济发展新的驱动力。过去，我国长期依靠的是物质要素投入推动的经济增长方式，属于由投资带动的要素驱动阶段，但现在遇到资源和环境不可持续供给的极限。”① 如果说资源约束使得经济增长有另寻他路的必要性，那么前期要素、投资驱动也使经济转轨具有可能性，因为在投资要素驱动实践中，通过对外科技交往，缩小了与国外科技先进水平的差距，因此，我国实施创新驱动发展战略既具有必要性，又具有可能性。作为创新驱动发展战略核心的技术，它的发展却有两条进路。一条技术创新进路就是前面所提到的，以征服自然，改造自然为特征，为满足人类无止境的欲望，技术最高效地将自然资源转换成商品，罔顾生态阈值而一味地向自然索取，经济系统其边界不断向外拓展以至充斥整个自然，整个世界被商品堆积得满满的，经济增长成为驱使这种技术进步的内在动力，我们称此种技术进步为经济帝国主义技术创新进路。另一条技术创新进路就是以尊重自然、与自然和谐相处为特征，人类社会和自然环境之间必须确立边界以及相应的位置。人类经济系统的规模最终受制于这条边界约束，并且存在一

---

① 洪银兴．以创新驱动加快科学发展［N］．河南日报，2012－11－07.

个最佳规模。这个规模应是生态可持续的，人类经济活动也应在生态阈值范围内活动，为进行物质转换技术向生态系统索取的原料以及向其排泄的废弃物也必须在生态系统允许的范围之内，我们称这种技术创新进路为稳态经济技术创新进路。

三、创新不足

长时间采取某一进路的技术容易锁定，形成路径依赖，进而形成新的利益格局。多年来追求 GDP 至上所采取的粗放式经济增长方式，使得我国锁定在经济帝国主义技术创新进路，也形成了阻碍转换技术创新进路的利益集团。现实中有人赞同西方发达国家曾经采取的“先污染后治理”的策略，然而，像我国这样一个生态资源底子薄弱的人口大国，“先污染后治理”策略的后果必将是灾难性的——经济系统的吞吐量一旦突破生态阈值，生态系统的衰退将是不可逆的。经济帝国主义技术创新进路与稳态经济技术创新进路的差异，表明我国原创性的稳态经济型技术创新相对不足。以全要素生产力对经济增长的贡献率为例，“1990 年到 1999 年是 30.8%、2000 年到 2007 年是 23.5%……而全要素生产力的贡献率在 2009 年以来一直下降”[①]，特别是，随着几十年快速城市化、工业化和经济高速增长，作为我国的主要工业能源之一的煤炭成为我国经济增长的主动力，从而导致我国碳及其他污染物排放已经超出生态系统的承受能力，碳足迹在中国生态足迹中份额越来越大，已由 1961 年的 10% 急剧上升到 2008 年 54%。[②] 碳排放也是近年来我国在国际经济活动中引起贸易争议的问题之一，碳排放一旦超标就会引起欧美

① 林岗．中国经济增长的条件变化分析［J］．理论探索，2014（3）．

② 引自《中国生态足迹报告 2012》，P14。

等发达国家的制裁，进而引起国际贸易摩擦，进一步提高贸易投资的成本。因此，实施创新驱动，将技术创新进路调整为稳态经济技术创新进路，需要人们能够兼顾眼前利益和长远利益，避免由于频繁的生态灾难所导致的生态成本剧增。党的十八大明确提出今后我国将采取创新驱动，这个举措非常及时和英明，我国政府已经明确提出建设生态文明，“一种以尊重和保护自然为前提，人与自然、环境与经济、人与社会和谐共生为宗旨，以资源环境承载力为基础，以建立可持续发展的产业结构、生产方式和生活模式为内涵的资源节约、环境友好型社会。并提出将生态文明建设融入经济建设、政治建设、文化建设、社会建设的各方面和全过程。”①

① 引自《中国生态足迹报告 2012》，P1。

第5章　创新驱动发展战略的民主依归

创新的前提条件是人们的思想解放，发挥人的主观能动性，从必然王国走向自由王国。然而，中世纪欧洲宗教神学残害“异端思想”，严重地禁锢着人们的思想。富庶的地中海地区首先形成了资本主义萌芽，新兴资产阶级迫切需要从天国生活回到世俗生活。打着复兴古代希腊罗马文化旗号的欧洲“文艺复兴运动”就是适应这种需要的表现，这场运动的核心思想就是人文主义：提倡人性，反对神性；追求科学真理，反对愚昧主义；强调运用人的理智，反对盲从；重视科学实验，反对先验论。承载了古代希腊罗马文化底蕴的意大利各城邦，尤其是佛罗伦萨最先担负起了这个历史重任，而后这场思想解放运动遍及整个西欧，涌现出了一大批人文主义思想文化巨人，遍及整个人文领域和自然科学领域；正如恩格斯给予“文艺复兴”的评价，“这是人类以往从来没有经历过的一次最伟大的、进步的变革，是一个需要巨人并且产生了巨人的时代，那是一些在思维能力、激情和性格方面，在多才多艺和学识渊博方面的巨人”。[①] 这些思想巨人大多都博学多才，具备非常深厚的人文科学素养，诸如但丁、达芬奇、哥白尼、培根等。这场以人性对抗神性、以人权反对神权的文艺复兴运动，其实质就是资产阶级的思想解放

---

① 恩格斯．自然辩证法［M］．北京：人民出版社，2015：9.

运动，最后终结了作为封建堡垒的天主教会的统治，通过宗教改革形成了资产阶级创世进取精神的加尔文教，人与神的位置互换为资本主义开辟了广阔的发展天地。就创新而言，可将这个思想解放阶段称之为精英创新，它仅仅处于创新的萌芽阶段，因为博学多才且具有科学创新精神的精英毕竟是少数社会上层人士，并且这种创新尚游离于生产过程之外，社会化程度很低；然而，最为重要的是，它为将来社会化程度较高的创新提供基础条件，为技术创新主体的民主化开辟道路。

第 1 节　生产者创新

文艺复兴打破了禁锢自由思想的牢笼，打开了创新思想的闸门。但技术创新是一个历史范畴，作为一种有意识的群体性行为，它必须与市场需求相结合，必须与社会化生产过程相联系，方能激发其自身活力；一方面，18 世纪世界市场对于棉纺织业产品需求急剧膨胀，英国工场手工业生产根本不能满足市场需求；另一方面，当时资本主义生产力基础还是脱胎于封建社会的手工技术，为稳固其统治的经济基础，也迫切需要对生产的技术基础进行革命；而经过光荣革命，英国资产阶级在政治上确立了统治地位，为其服务的各种资产阶级法权开始建立，特别是专利制度的确立，这激发了技术创新的热情。在这些因素的综合作用下，发生了以下三次生产者创新。

一、技工创新

18 世纪，人类历史上第一次工业革命，开启了以机器大生产替代工场手工业的历史进程。1765 年英国纺织工哈格里夫斯发明的珍妮纺纱机，揭开了工业革命的序幕，1785 年英国修理工瓦特改良了蒸汽机，这是第一次工业革命的标志，人类由此进入了“蒸汽时代”。这是一次伟大的技术创新，它不但改变了社会生产的技术基础，更重要的是，它纯化了资本主义生产体系，工人由工场手工业基础上对资本的形式隶属关系，转变为机器大工业基础上对资本的实际隶属关系，资本雇佣劳动的资本主义生产方式稳固地加强了。当然，这个过程还远未完成，如上所述，这次技术创新的主体主要由处在生产一线的工人和技师担任，当时的社会生产力水平还比较低，尚处于手工生产向机器生产的转型阶段，企业生产分工也不发达，企业的工人和技师脱胎于工场手工业，但他们具有娴熟的工艺操作技能，对于整个机器体系了如指掌。由于这种新生的机器工业建立在工场手工业基础上，因此动手能力强的工人技师对整个生产过程具有很大的主导权。1624 年英国颁布了世界上最早的专利法《独占法》，借助专利垄断收益权给予对技术创新和技术发明的巨大激励，这些工人和技师在利益激励驱使下，近水楼台先得月，利用技术优势率先参与了技术创新的历史进程。这个阶段创新主要由工人和技师为主体、社会化程度还不够高，并且主要局限于英国，因此，被称之为技工创新。

二、工程师创新

机器大工业使得工人劳动生产率得到极大的提高，反过来，企业对直接应用于生产的科技的需求也更为强烈。在这种情况下，科学和技术实现了第一次亲密接触——1831 年，英国科学家法拉第发现了磁电感应现象，引领了第二次工业革命的浪潮。自此以后，电力广为应用。1866 年，德国工程师西门子发明了发电机，标志第二次工业革命开始；1870 年，比利时工程师格拉姆发明了电动机；1882 年，塞尔维亚工程师特斯拉发明了交流电，电力逐步取代蒸汽，作为主要能源应用于生产生活中，从而开启了一个新的“电气时代”。另一个主要的技术创新体现在内燃机上，1860 年，法国工程师雷诺制成第一台实用的爆发式内燃机；1883 年，德国工程师戴姆勒又制成以汽油为燃料的内燃机；1885 年，德国机械工程师卡尔・本茨制成第一辆汽车，1897 年，德国工程师狄塞尔发明了柴油机。由此可见，第二次工业革命大多数创新都是由工程师完成的，这主要是因为第一次工业革命建立了工厂制度，特别是随着泰勒制逐步在工业企业推广，工厂内部分工开始细化：标准化操作规程被制定出来，生产者队伍出现分化，一线操作工人日益附属于机器体系，每个工人都有着固定的岗位，工人片面化特征明显。从而一线操作工人难以掌控新的生产局面，不得不退出技术创新的舞台，另一部分接受过良好技术理论教育又有实践经验的人进入生产领域，变身为工程师，他们视野更为开阔，专门设计制造机器的机器，因此他们主导了整个生产过程。此阶段创新社会化程度更高，涉及美、英、德、法国等主要资本主义国家，并且涵盖了技工创新，因此，被称之为工程师创新。

三、科学家创新

第二次工业革命导致国家垄断化趋势越来越明显，反映在社会经济生活的方方面面，因此，科学技术也成为一项系统工程，国家机器在此起着重要的推动作用。第二次世界大战后美苏争霸局面形成，使得美国不断扩军备战，那些最尖端最前沿的高科技成果日益广泛地应用于军事领域，诸如核物理、阿帕网（ARPA）等，服务于垄断资本的国家机器快速将这些高科技国防军工成果应用于经济领域，极大地缩短了高科技转化为生产力的时间。1945 年 7 月 16 日，美国在人类历史上首次成功试爆了原子弹，由此揭开了第三次科技革命序幕，美国也因此成为此次科技革命的策源地。1971 年，Intel 公司发明了第一个微处理器芯片，更是宣告人类社会由此进入了“信息与远程通讯时代”，它开启了人类全新的生产模式，智能制造生产系统横空出世，计算机辅助制造（CAM：Computer Aided Manufacturing）与计算机辅助设计（CAD：Computer Aided Design）为其典型代表。此次科技革命涵盖原子能、计算机技术、合成材料和信息网络等众多领域，它涉入经济程度之深、范围之广、速度之快，举世罕见。作为系统工程的科学技术，科技转化为生产力的时间被极大压缩，这极大地拉近了科技与社会生产的距离，使科技自身逐渐摆脱以前的偶然性特征，凸显了科技的规划先在性。此次科技创新由科学家群体引领，科技发展到这个水平，个人已经难以主导此类创新，很难将第三次科技革命的成功与个人努力划上等号，创新成果很少贴上个人标签。正因为此，我们将此次参与人群极广、社会化程度极高的科技创新贴上引领群体标签，称其为科学家创新。

第 2 节　用户创新

生产者创新的结果就是标准化产品丰富，市场垄断化程度不断提高，国际市场已经饱和，使生产者创新遭遇市场瓶颈。而信息通信技术

(Information Communication Technology, ICT) 日益发达，也在不断瓦解着创新过程中生产者的特权。如何最大限度地占据已有市场以及最大可能地发掘新的潜在市场，创新过程中用户需求得到更高程度的满足和体现最为关键。因此，新形势下，创新民主性要求被正式提了出来，生产者必须将创新的部分控制权让渡给用户，将用户引进创新全过程，最大限度地体现用户在创新过程中的主导权，这是新形势所然。用户创新[①]的概念是麻省理工学院的埃里克·冯·希贝尔（Eric von Hippel)[②] 教授首倡。这个概念的提出顺应了当前创新形势发展的需要。然而，希贝尔教授仅从现象、技术层面抽象笼统地谈论“用户创新”，人为地割裂“生产者创新”与“用户创新”内在的关联，忽略了作为历史范畴的“用户创新”必定具有深厚的社会基础和历史特征。因此，我们有必要从以下两个层面剖析“用户创新”。

一、生产资料用户创新

希贝尔教授对不同具体行业的用户创新程度作了翔实的实证分析，然而，他仅是对其所涉及的那些特定行业做了实证分析，没有对这些行业特征进行抽象的归类，这样得出的结论是不能外推的。此类分析实质是一种经验研究，有着很强的指向性，明显存在一个适用性的问题。只有从创新特质上对其进行高度概括，把握其共同的特质，这种厚实理论基础的分析才具有理论普适性，因此，我们必须对其进行定性分析。马克思认为，生产与消费具有内在一致性，从某种意义上讲，两者是一体的，生产就是消费，消费就是生产，生产与消费之间并不横亘着一道不

---

① 是指由消费者和最终用户，而不是由制造商发展出的创新。

② 埃里克·冯·希贝尔．民主化创新［M］．北京：知识产权出版社，2007.

可逾越的鸿沟，生产以消费为目的，消费以生活为基础，脱离消费的生产是无意义的生产，脱离生产的消费也是不可持续的消费。就生产资料用户创新而言，我们首先界定一下这里所指的生产资料用户，它专指直接生产生活资料的生产资料的购买者，在这里，排除了那些生产资料的中间制造商，即那些仍会生产后续的生产资料、而不直接面对生活资料的购买者。就生产链条而言，生产资料用户正好处在这种双重的地位上，用户既是生产资料创新产品的直接使用者、体验者，又是生活资料创新产品的生产者、制造者，它同时身兼用户与生产者双重角色。在信息经济时代，这种地位决定了生产资料的意见在创新过程具有举足轻重的作用，它能够及时汇集生产资料制造者与终端消费者的需求，作为生产资料用户提出需求意见影响上游产品的创新进程，又作为生活资料生产者收集消费者意见改变下游产品的创新路径。而信息技术革命引发价值革命，是资本家生命中不能承受之重，规模巨大的企业已难华丽转身，它对生产资料用户产生了巨大的冲击，“不创新，就灭亡”，这既是市场环境给予生产资料用户的外在压力，也是生产资料用户求生存求发展的内在动力，它迫使生产资料用户必须深入市场的两端，生产过程中充分吸纳终端消费者的意见，同时又将这些意见转化为自己的建议反馈给生产资料制造者，以此来应对瞬息万变的灵活积累体制的新局面。因此，在生产资料用户创新中，生产者创新与用户创新是一致的，生产资料用户创新涵盖了生产者创新，它体现了创新民主化、社会化程度的进一步提高。

二、生活资料用户创新

我们日常语境中所说的用户创新多指生活资料用户创新，因为这种用户创新与我们日常生活息息相关，它是继生产资料用户创新之后，应信息技术革命而出现的。我们知道，工业革命确立了资本主义统治地位，机器设备结构日益复杂以及生产流水线规模日益庞大，巨额的固定资本投入巩固了当时的资本主义统治，而生产资料用户创新又使得新的生产部门不断出现，中间生产环节日益增多，与之相适应，拓宽销售渠道的商业部门也增加了，它们型构为一种大规模、标准化的生产模式，这是一种典型的福特制生产模式，相应地，消费也更多采取集体消费的模式，消费者在这种模式中根本没有话语权和选择权，生产什么就消费什么，更别说用户创新。随着信息技术的革命，特别是互联网的传播，先前的产业资本、商业资本两相分离的生产运营模式遭遇革命，互联网不断解构那些空间固定的巨额固定资本，破除生产经营活动中行政官僚模式，日益凸显的“生产消费一体化”的扁平化趋势消减了过多的中间环节，极大地降低了过多的非生产性费用。企业直接面对用户，用户的需求需要第一时间反馈给企业设计部门，这种建立在即时柔性制造基础上的丰田模式凸显了用户的主体地位；“用户至上”不能仅仅停留在口头上，需要切实落在企业的行动上；作为互联网参与主体，用户参与成为新形势下企业经营成败的关键，用户群体通过互联网络反馈他们的产品体验，包括意见、建议以及产品忠诚度等，这种生产与用户以及用户之间的双盲互动模式使得用户体验在互联网虚拟社区里展现得淋漓尽致，思想交互激荡，不断迸发出新的思想火花，它已经转变成用户的生活方式，这种生活方式成为生活资料用户创新的源泉。消费过程透明化，个性需求成为企业突出重围的法宝，企业必须根据用户的特定需求进行定制生产，那些有着尖峰体验的敏感领先用户更被纳入了用户创新体系。新形势下企业要做大做强，都必须更加注重用户体验和用户参与，建立愉悦互动的沟通渠道，不断与用户良性互动，挖掘这些体验中有价值的信息，揉合进自身创新进程中，生产出更加符合用户需求的产品，淘宝、戴尔的成功就是生活资料用户创新的典型案例。

第3节 相关利益者创新

从生产者创新到用户创新，创新主体范围随着时间的推移逐步扩大。随着创新实践的发展，人们的认识也在不断提高，逐渐认识到技术创新本身就是一项社会化行为。然而，这有悖于我们日常的观点，即排他性产权和技术创新、社会进步是联系在一起的，排他性的产权存在保证了人们从技术创新中获利，进一步激励技术创新，从而推动全社会的进步。当然，这种观点是有其历史进步性的，为克服农耕文明中原子式的松散的社会，通过利益激励技术创新能够极大地提高劳动生产力，借助利益纽带结构成一个紧密的社会。然而，技术创新中排他性产权至少有两类弊端：其一，排他性产权会阻碍自己后续的技术创新努力，因为排他性产权授予了科技创新者垄断收益权，他就要努力排除别人染指这个领域，他将更多精力花费在创新以外的活动，诸如打假这类劳神费力的事务，没有更多精力从事进一步的技术创新，这种私人产权导致创新者因循守旧、不思进取，因此，一项成功的创新会成功地扼杀一个创新者。其二，排他性产权会压制他人技术创新的努力：所有的技术创新都是在前人奠定的基础上，在既得的科技水平基础上所做的增量创新，如果平台相同，其他人也可能做出同样的科技创新，然而排他性产权会扼杀其他人的创新，阻碍技术进步。典型的例子有瓦特利用30年蒸汽机发明专利权阻碍该领域的技术创新，还有爱迪生利用专利压制特斯拉的交流电发明。

从某种意义上，私人利益至上的排他性产权，诸如专利制度等，不但阻碍了技术进步，例如，“一种抗病毒的水稻不能推广的原因是，有 34 个专利持有人声称拥有这项知识包含的发明专利”。它甚至还扼杀了生命，“以 AIDS 治疗为例，目前的鸡尾酒疗法能极大地降低人类中的 HIV 水平，这可以减小传播的危险。控制传染和死亡性疾病所带来的效益是非排他性的。当前制药公司持有这些药品的专利，对第三世界国家来说这些药品过于昂贵，显然专利削弱了第三世界国家控制 AIDS 的能力，增加了所有人感染的风险”①。事实上，任何一项创新活动影响的并不仅局限于创新者本人，也不止局限于生产者和用户，它还涉及围绕技术创新活动的其他主体，诸如政府、制造供应商、各类创新中介组织，以及受创新活动影响的外部受益者和外部受损者等个人和组织。这些主体进入创新过程使技术创新过渡到一个新的阶段——利益相关者创新。创新活动的边界进一步扩大，在此情形下，要清晰地界定私人利益至上的排他性产权，其结果就是破坏伦常、撕裂社会，因为任何技术创新都不是空中楼阁，而是建立在前人研究基础上的，是在既定的社会环境下获得的。千丝万缕的经济关系模糊了私人产权边界，使技术创新的垄断收益很难归之于个人。“个人是社会关系的总和”，围绕个人的环境包括家庭、学校、工作团队、社会组织等，他们都为造就创新者做出了贡献，都应享有创新成果，如何分割创新的垄断收益将是一件极为困难的事情。例如，世人皆将飞机的发明归功于莱特兄弟，事实上，为他们提供强大理论知识支持的恰纳特功不可没。莱特兄弟成功之后一辈子都在为专利奋斗，再无建树，而真正醉心于科技的恰纳特也与他们渐行渐远。

科技的进步历来都是集体协作的结果。在排他性产权出现以前，人们都自由地分享各种学术思想、科技知识等，并在此基础上为进一步丰

---

① 赫尔曼·E·戴利. 生态经济学——原理与应用［M］. 郑州：黄河水利出版社，2007.

富它而夯实基础。从这个意义上讲，科技信息、知识的免费分享、自由流通并不会导致“公共地悲剧”，相反，它会创造出“公共效率”，例如，互联网的繁荣就是自由免费共享知识的结果。因此，本质上，创新就是一个社会化共享的过程。当前流行的互联网思维正适应了这种创新民主化、创新大众化的新趋势。这种新思维特别体现在 Linux 操作系统的开发上，由于 Linux 操作系统的源代码开放，全球各地的电脑专家为改善 Linux 免费地做了许多工作，使得 Linux 操作系统适应性更强、稳定性更高、功能更强大。这个例子说明了排他性产权并不是激励技术创新的充分条件。随着人们对这个问题认识的加深，世界各地“去版权”运动也在如火如荼地开展，“只需所有拷贝和系列产品都保持相同的许可，允许不加限制地传播和修改”。①

未来社会里，生产力将达到高度发展的水平，物质财富十分充裕且将充分涌流，因为“随着个人的全面发展，他们的生产力也增长起来，而集体财富的一切源泉都充分涌流”。三大差别也必将随之消失，私人利益至上的排他性产权对社会人的束缚已被废除，科技回归到人本身的解放，因为科技毕竟是为人而存在的。在那个社会，将摒弃私人利益的藩篱，使人尽其才，物尽其用，个人创新直接取得了社会创新的形式，个人利益就是社会公共利益，每个人的创新成功就直接体现为社会的进步，因为它直接体现为全社会自由支配时间的增加，相应地，从事创新活动的时间也将增加。因此，每个人的创新成功直接成为他人进行创新行为条件的条件与保证，这种正反馈的影响将使全社会自由支配时间日益增加，正如马克思在《共产党宣言》里的一句名言：“在那里，每个人的自由发展是一切人的自由发展的条件。”② 而先前个人之间的智力

---

① 赫尔曼·E·戴利．生态经济学——原理与应用［M］．郑州：黄河水利出版社，2007：122.

② 马克思恩格斯文集（第2卷）［M］．北京：人民出版社，2009：53.

差别由于其形成的社会条件的消失也将趋于消失，个人创新已经摆脱了商品经济中服务私人利益的性质。到那时，人人都为全社会整体利益服务，人民不再有私人利益的纷争，真正的人类历史得以形成，人与人以及人与自然之间和谐相处。此时，相关利益者创新早已超脱了私人利益，直接为社会公共利益服务，因此，那时所有人都是相关利益者，相关利益者创新也就直接升华为全民创新。

第三篇

创新驱动发展战略的三阶逻辑

按照马克思主义唯物史观，事物形态变化是一个自然历史过程，这个过程实质就是“生成”。作为历史辩证法的一个重要范畴，“生成”范畴具有十分重要的方法论意义：通过生成范畴的把握，我们可以从历史维度深刻认识事物的发生、发展、成熟和衰亡的全过程，此为事物的历史生成逻辑；可以从系统维度了解事物存在的条件与根据，以及相互依存关系等，此为事物的系统生成逻辑；也可以从精神现象维度，发现事物在现实生活中的表现形态，以及这些形态在当事人精神上的相应反映之间的对立统一关系，此为事物的精神现象生成逻辑。同理，创新驱动发展战略作为一个综合性范畴，它也是由新中国经济社会形态发展多重逻辑叠加生成的：首先，作为一个历史范畴，创新驱动发展战略是新中国经济发展方式转变的必然产物，其他生成逻辑都必须置于历史生成逻辑情景中才能得到科学解释，因此，历史生成逻辑就构成了创新驱动发展战略的第一阶生成逻辑。其次，作为一个系统范畴，创新驱动发展战略是新时代我国总体经济发展战略中的重要一环，它们之间会形成不同的依存关系；系统生成逻辑是建立在历史生成逻辑基础上，又对其后生成逻辑起支撑作用，因此，它就构成了创新驱动发展战略的第二阶生成逻辑。再次，作为一个精神现象范畴，创新驱动发展战略涵容了一系列相互对立的意识形态，它们每一方都能提供创新驱动发展战略所需的元素，但又都有其自身局限性。创新驱动发展战略能够在实施过程中，贯通看似相对对立的精神现象形态；精神现象生成逻辑是直接建立在系统生成逻辑基础上，最终它又成为其他生成逻辑的归宿，因此，它就构成了创新驱动发展战略的第三阶生成逻辑。

第 6 章　创新驱动发展战略的历史逻辑

第 1 节　经济形态演变的技术依归

“社会发展史首先便是生产发展史，数千百年来新陈代谢的生产方式的发展史，生产力和人们生产关系的发展史。”[①] 这段话体现了马克思主义唯物史观，即纷繁复杂的社会发展首先应化约为生产发展，而生产发展又需归结到生产方式的转变上，也即嵌入生产力和生产关系矛盾运动中，这种历史逻辑最终印证了物质第一性原则。“人们既获得了新的生产力，便会改变自己的生产方式，而随着生产方式的改变，即本身生活保证方式的改变，人们也就会改变自己所有一切社会关系。”[②] 生产力—生产方式—社会关系的逻辑进路，诠释了生产力发展的首要性原则。然而，“各种经济时代的区别，不在于生产什么，而在于怎样生

① 马克思恩格斯列宁斯大林思想方法论［M］. 北京：人民出版社，1963：187.

② 马克思恩格斯列宁斯大林思想方法论［M］. 北京：人民出版社，1963：193.

产，用什么劳动资料生产。劳动资料不仅是人类劳动发展的测量器，而且是劳动借以进行的社会关系的指示器”。[①] 生产力的发展以及与其相关的生产关系的规定性，最终都要通过生产资料的特质得以说明，而生产资料中最具有决定意义的是生产工具。“生产关系的发展对于生产力的发展的依赖性，首先是对于生产工具的发展的依赖性；而因为有这种依赖性，所以生产力的变更和发展迟早要引起与此相适应的生产关系的变更和发展。”[②]

纵观整个人类社会历史，从原始社会的石器到当下如火如荼的人工智能，生产工具发明及其社会化应用是人类历史演进的主要推手，因为“生产工具的发展直接表现为生产力的发展，进而引起生产关系的变革，从而不断推动社会历史的演进”。[③] 例如，青铜器的发明及其在生产及战争中的广泛应用，摧毁了基于自然分工的原始社会粗陋的生产方式，原始社会的生产关系也就难以维持，因此，青铜器是推动原始社会向奴隶社会的过渡、乃至稳固奴隶社会经济形态的物质技术基础。随着铁器的发明及其在生产生活中的大规模应用，劳动独立化成为可能，而奴隶的工具性阻碍了奴隶制经济的发展，进一步加剧了奴隶制生产方式的危机，因而，铁器成为奴隶社会转向封建社会的最终决定力量，并且型构为封建社会生产方式的物质技术基础。随着蒸汽机的发明以及随之引起的一系列工业革命，机器化大生产成为资本主义生产方式的基本特征，资本主义生产狂飙突进，最终摧毁了封建制经济基础，驱动封建社会向资本主义社会过渡，正如马克思所说：“手推磨产生的是以封建主为首的社会，蒸汽磨产生的是工业资本家为首的社会。”[④] 可以预期，

① 马克思恩格斯文集（第5卷）［M］. 北京：人民出版社，2009：210.

② 马克思恩格斯列宁斯大林思想方法论［M］. 北京：人民出版社，1963：193.

③ 陈永正. 马克思的生产工具思想及其当代启示［J］. 南京政治学院学报，2015（5）.

④ 马克思. 哲学的贫困［M］. 北京：人民出版社，1965.

随着信息技术与人工智能更高程度的发展与应用，资本主义经济形态必将向更高级社会形态过渡。

以上所述是对马克思主义经典文本《政治经济学批判·序言》中有关唯物史观的进一步阐发，它具体阐释了生产工具创新与人类社会生产方式演变之间的内在关系，更确切地说，人类社会生产方式转变的最终决定力量在于生产工具创新。毫无疑问，通过宏大叙事方式研究创新之于生产方式的意义属于历史广角研究。事实上，创新不但是人类社会整体演进的引擎，而且是特定社会不同阶段演进的发动机；它既是经济形态社会演进的物质技术基础，也是不同经济形态社会的生产关系基础。作为生产方式载体，物质技术基础是一种既得的社会力量，这种既得性体现为："创新"发展到"创新驱动"是一个自然历史的过程，前者历经"自在—自为"过程，后者则实现"自为—自在自为"跨越；作为一种意识自省，创新驱动是一个建立在高度发达商品经济或市场经济基础上的历史范畴。

如果说市场经济是创新驱动的一般前提，那么资本主义则是创新驱动的历史前提。由于剩余价值规律作用，创新驱动日益成为资本家的自觉行动，进而演变为资本主义群体性的社会化行为，推动了资本主义经济社会形态剧烈改变。这里，我们需要进一步对资本主义生产方式和创新驱动之间的关系进行聚焦，考察创新驱动如何推动资本主义经济发展方式（广义生产方式）转变，从而形成资本主义社会不同历史分期。例如，为了获得更多剩余价值，资本主义如何提高生产效率是关键。在手工业技术基础上，空间整理成为生产组织创新的主要内容：作坊式生产→工场式生产→工厂式生产，这种生产组织创新驱动了早期资本主义经济发展方式转变。在现代化机器体系技术基础上，生产过程再造成为生产过程创新的主要内容：泰勒制生产→福特制生产→丰田制生产，这种生产过程创新驱动了成熟期资本主义经济发展方式转变。在信息技术基础上，模式重塑成为生产模式创新的主要内容：定制化生产→流程化生产→协同化生产，这种生产模式创新驱动了新自由资本主义时期经济发展方式转变。[①]

为了考察我国经济发展方式与创新驱动之间的内在关系，我们还需要对其进行形态流变研究。承前所述，市场经济是创新驱动的一般前提，我国转向市场经济却经历了一个较为曲折的过程。

第2节　计划推动的经济赶超方式

半殖民地半封建社会风雨如晦，中华民族饱受列强的欺凌、割地赔款的屈辱。在帝国主义世界体系下，“落后就要挨打”，新中国经济脱胎于这样落后的社会，由此也增强了新中国迅速发展经济的紧迫性。新中国成立伊始，以美国为首的西方发达资本主义国家从政治经济等方面对新生的中华人民共和国政权采取孤立、遏制、封锁和禁运等政策措施。社会主义阵营与美国为首的西方资本主义阵营对峙，美苏争霸格局成型，意识形态的对立增强了社会主义新中国的危机感和紧迫感。无论是国内经济的落后，还是国际政治的紧张，都攸关中华人民共和国的生死存亡，需要在经济上尽快地赶超西方发达资本主义国家。然而，新中国的物质技术极其落后，经济总体上可用一穷二白来形容，毛泽东同志曾感慨：“现在我们能造什么？能造桌子椅子，能造茶碗茶壶，能种粮食，还能磨成面粉，还能造纸，但是，一辆汽车、一架飞机、一辆坦

---

① 刘爱文，王碧英．资本主义生产组织模式的演进与创新［J］．当代经济研究，2015（7）．

克、一辆拖拉机都不能造。"[①] 可见，新中国成立之初的工业基础尚停留在手工业制造水平上。为尽快地改变新中国的经济社会面貌，我们必须紧紧抓住经济现代化这条主线。然而，在不同的历史时期，经济现代化通常会采取不同的形式，我们以下进一步考察新中国成立以来不同历史时期的经济现代化历史。

一、国民经济恢复进程中的科技布局

新中国成立前夕，《中国人民政治协商会议共同纲领》（以下简称《共同纲领》）得以通过。《共同纲领》提出了"以有计划有步骤地恢复和发展重工业为重点……以创立国家工业化的基础"[②] 的任务，这需要迅速贯彻新民主主义革命的三大经济纲领，尽快恢复战后国民经济。首先，为恢复生产以及稳定经济秩序，没收官僚垄断资本和保护民族工商业同步进行。这些掌握国家经济命脉的官僚资本转型为国营经济，它们具有明显的社会主义性质。在新民主主义社会中，民族资本依然具有积极和消极的双重性作用，新中国为发展生产力，采取既团结又斗争的策略来保护民族资本。在此基础上，新中国在成立不久就开展了轰轰烈烈的废除封建土地制度的改革，失地少地的农民就此拥有了自己的土地，这意味着农民的土地所有制形成。三大经济纲领的实现形成了新民主主义时期多种经济成分，它们一方面活跃了国内市场、提升了经济，另一方面又造成了经济不稳定的隐患。然而，有些私人投机资本利用新中国成立前后国内物资短缺，政治形势尚不稳定，及被迫卷入抗美援朝战争，囤积居奇，哄抬物价，"从一九四九年四月到一九五〇年二月，

① 毛泽东文集（第 6 卷）[M]. 北京：人民出版社，1999：329.
② 建国以来重要文献选编（第 1 册）[M]. 北京：人民出版社，1992：9.

全国物价先后发生过四次大的波动。"[①]。

所谓"问题和解决问题的手段同时产生"，由于没收官僚垄断资本而建构起来的国营经济[②][③]成为了人民共和国经济主体和领导力量，它为党和政府调节非公有制经济成分，恢复生产和稳定经济秩序提供了物质基础，为组织恢复生产事业提供了有力的物质手段。涨价风潮中，基于国营经济的有力支撑，中央政府通过行政和经济两手抓稳定了粮棉油等基本生活资料价格，有力地打击了投机资本，随后政府出台统一财经政策，加速了计划经济管理的出台，进一步强化了政府经济管理职能。这种政府计划职能也反映在科技发展思路上，为了实现国家工业化的任务，新中国准备有计划地利用现代科技服务于工业建设，特别是国防建设。1949 年 11 月，中国科学院成立，1950 年 8 月，中华全国自然科学专门学会联合会（全国科联）和全国科学技术普及协会（科普协会）也相继成立，这些机构不但集中了一大批卓有成就的科学家，而且吸引了一大批旅居海外的科学家纷纷回国参加建设。科学家们怀着满腔爱国热情，积极投身于新中国的建设事业，初步打下了我国科技事业振兴的基础。

二、社会主义改造进程中的科技引进

随着国民经济的恢复以及经济秩序的稳定，国民经济生活中新的矛盾又开始出现，主要表现为三对矛盾：农业个体经济难以适应工业发展需要的矛盾，工人阶级与资产阶级之间的矛盾，计划与市场之间的矛盾，这些矛盾极大地阻碍了我国工业化进展，而抗美援朝战争中凸显出

---

① 陈云文选（第 2 卷）[M]．北京：人民出版社，1995：352.

② 廖盖隆．中国的社会主义改造．北京：中国青年出版社，1955.

③ 吴江．中国资本主义经济改造问题．北京：人民出版社，1958.

来的中美双方军事装备的差距，进一步强化了我国改变工业落后状况的迫切意识，需要系统地对国民经济进行社会主义改造。为此，党中央提出了过渡时期总路线："要在一个相当长的时期内，逐步实现国家的社会主义工业化，并逐步实现国家对农业、对手工业和对资本主义工商业的社会主义改造。"[①] 社会主义工业化和社会主义改造同时并举，藉此加速我国工业化进程，这是重大的战略转变。其中社会主义工业化主要聚焦于重工业发展，特别是国防工业发展；在社会主义改造的实践中，我国"创造了一系列适合中国特点的由初级到高级逐步过渡的形式，使个体农民、手工业者和私营工商业者能够循序渐进地改变旧有的生产方式。"[②] 社会主义改造紧扣住生产力同生产关系的矛盾运动，从而极大地解放和发展了社会生产力。

随着社会主义三大改造进程的不断推进，公有制经济占比不断提升，与此相适应，计划经济作用的范围也越来越广。1953 年起我国实施第一个五年计划，开启了有计划的经济建设进程，与此相配合，同年 10 月，我国实施了粮食统购统销政策，尔后，我国又对油料、棉花实施统购以及对食油、棉布实施统销。由此，粮、棉、油等主要农产品被纳入国家计划管理的范围，这些物资供求紧张的矛盾初步得到缓解，使工业化初期对这些主要物资的需要基本上得到满足。需要说明的是，在西方国家对我国经济技术封锁的历史背景下，新中国从一穷二白到建成相对完整的工业体系，苏联对我国经济建设的真诚援助功不可没。"一五"期间，苏联累计援助了我国 156 个项目，其中绝大部分是重工业项目，军工项目接近一半。苏联对新中国的这些援助具有非常高的水准，

---

① 中共中央文献研究室．关于建国以来党的若干历史问题的决议注释本［M］．北京：人民出版社，1983：216.

② 中共中央党史研究室．中国共产党的九十年（社会主义革命和建设时期）［M］．北京：中共党史出版社，2016：457.

主要体现在先进技术设备和科技人员的直接援助。在苏联援建项目的带动下，新中国科技水平得到极大的提高，形成了以中国科学院为中心，包括地方科研机构、高等学校和产业部门的科研机构在内的比较完整的科研体系。随着主管国防工业的第二机械工业部、主管核工业建设和核武器研制的第三机械工业部的相继成立，我国科研布局的重工业化、特别是军工导向也日益凸显。

三、社会主义建设进程中基础科技先行

1956 年底，社会主义改造基本完成，标志着我国以公有制为基础的社会主义基本制度已初步建立，社会主义革命取得全面胜利，新中国进入社会主义建设时期，社会主要矛盾随之发生转变。例如，中共八大提出，我国社会主要矛盾“已经是人民对于建立先进的工业国的要求同落后的农业国的现实之间的矛盾，已经是人民对于经济文化迅速发展的需要同当前经济文化不能满足人民需要的状况之间的矛盾”。[①] 由此可见，当时我国社会主要矛盾具有双重指向性，其一是经济基础指向，即以经济基础的“一大二公三纯”化为手段；其二是意识形态（或上层建筑）指向，即以主观意志为手段。“一五”期间新中国经济建设所取得的巨大成就从内部强化了计划作用，而两大阵营的对抗不断增加，从外部强化了赶超意识，最终，依托社会主义公有制的经济基础，我国形成了高度集中的计划经济体制。

为了在短时期内实现工业化和现代化，在赶超进程中违背了经济客观规律，唯意志论趋向严重，主要表现在所制订的计划纲要急于求成，

---

① 吉林人民出版社. 学习“八大”文件参考资料［M］. 长春：吉林人民出版社，1956：22.

强调速度是路线的灵魂，政府必须有两本账，其一是期成的计划，其二是必成的计划，致使计划指标层层拔高，不断加码。然而，计划驱动的经济赶超方式依赖于大规模的群众性生产运动，计划与现实的经常性背离加剧了我国经济发展过程的震荡性；因为经济赶超方式容易造成积累率过高，致使我国产业结构和经济比例关系严重失调，“重重轻轻”的产业结构极大地影响了人民生活和社会秩序；物极必反，党和国家发现了问题并采取措施予以纠正。在探索社会主义建设的历史进程中，尽管付出巨大代价，中国共产党始终相信和依靠人民，取得了社会主义经济建设的巨大进步。

毫无疑问，高度集中的计划经济管理体制覆盖到科技领域，例如，1956 年制定了“十二年科学技术发展远景规划”，1963 年制定了“十年（1963—1972）科学技术规划”，并且，作为全国科技工作者的统一组织，中国科学技术协会正式成立。按照科技总体规划，科技领域、国防军工等基础科技领域取得了重大的突破，成绩斐然。首先是国防军工领域的“两弹一星”等镇国重器出炉，成功抵御了帝国主义的武力威胁、打破了核大国的核讹诈。而首次人工合成牛胰岛素结晶以及培育籼型杂交水稻，亦标志着我国基础科学技术的重大突破。除此之外，我国在电子通信技术方面也取得了很大进步，诸如卫星地面站、半导体、集成电路、彩色电视发射设备、第三代电子计算机、载波机和微波通信等。

第3节　市场拉动的经济增长方式

随着计划驱动的经济赶超方式的长期推行，赶超方式逐渐僵化和固化，脱离了社会实际生活，主要表现在：过度夸大革命理想和主观意志对社会生产的作用，从而忽视客观经济规律的科学作用，诸如“人有多大胆，地有多大产”，这就容易造成制定的计划背离实际情况；而生产主要诉诸于大规模的群众运动，这无形中加剧了经济动荡；而在高积累的赶超方式作用下，经济动荡极大地压制和影响了民生发展，人民生活水平长期得不到改善，计划驱动的赶超方式也就难以持续。正所谓：“计划之所短，正是市场之所长”，计划对于现实经济情况的及时应对力有不逮，市场却能够通过价格机制、供求机制和竞争机制等，及时地反映资源配置状况。通过物质利益刺激，市场使得经济主体开始关心他们劳动的经济效果。为了迅速发展经济，改善民生，1978 年召开的十一届三中全会标志着我国走上了以经济建设为中心的社会主义现代化征途，进入了改革开放新时期。截至二十世纪前十年，我国市场化经历了市场内化（包括市场广化和市场深化）和市场外化等阶段。

一、市场广化阶段科技体制改革

市场广化，顾名思义，即国家有意识地培育和扶持市场，并使市场作用不断向更多的经济领域或部门扩展。本书将我国市场广化阶段大致界定在 1978 年到 1992 年之间。为了实现“四个现代化”，大力提高社会生产力，改善人民群众生活，党的十一届三中全会提出，党和国家的工作重点需要转向以经济建设为中心的轨道，倡导全社会要重视经济规律和价值规律，这就为后来的“市场化”打下了第一个楔子。考虑到我国当前阶段的社会主要矛盾是人民日益增长的物质文化需要同落后的社会生产之间的矛盾，中共中央确立了“一要吃饭，二要建设”的原则，民生问题被置于首位。相形之下，我国前改革开放时期遗留下来的经济结构失衡问题日益凸显，所谓“矫枉必须过正”，民生导向需要产业结构由“重重轻轻”转向“轻重重轻”，即适当减缓重工业的增长速度，加快轻工业的增长速度，有意识地安排后者增长速度快于前者，从而改变积累率长期过高，以及农业、轻工业远远滞后的局面。长期来看，民生与建设之间关系是对立统一的，没有先前建立在工农剪刀差基础上的高积累，也就没有“一要吃饭，二要建设”的出炉，从这个意义上讲，高积累的工业化战略为我国市场化打下了坚实基础。

显然，经济结构的短期调整可以通过行政强制方式，但是，民生导向的经济结构的长期稳定却需要商品市场关系来维持，因为民生经济更具有亲市场属性，或者说，商品和市场更能激励民生经济，因此，培育商品和市场关系至关重要。相应地，经济体制改革提上了议事日程，这种改革首先在农村取得了突破，农村家庭联产承包责任制的普遍推行，农民可以自主进行农业生产和分配，这就将农民的责、权、利统一起来，极大地提高了农业生产效率。较高生产效率又使农民有了剩余劳力和资金，进而发展多种经营，农村出现一大批特种农业经营专业户，从而开启了我国农村生产的专业化、商品化和社会化的进程。农村经济体制改革倒逼城市经济体制改革，扩大企业自主权成为城市经济体制改革的主要内容，通过确立国家与企业以及企业与职工之间的双重经济责任制，将企业和职工所得的经济利益与他们所实现的经济效益和担负的责任相互联系。而五届全国人大常委会批准设立的国家经济体制改革委员会，进一步将城市经济体制改革向多个领域铺开，涉及工业管理体制、财政体制、银行体制、商业体制、物资体制等系列体制改革。

其次，市场广化也反映在党和国家对商品和市场的认识一步步加深，例如，党的十一届三中全会首次提出按经济规律办事，党的十二大进一步提出计划经济为主、市场调节为辅，党的十二届三中全会确认我们需要建设的是在公有制基础上的有计划的商品经济，党的十三大提出国家调节市场，市场引导企业，这就将三者有机融合起来，1992 年邓小平同志南方谈话提出计划和市场都是经济手段，从而破除了计划与市场的意识形态属性。伴随着我国城乡经济体制改革的不断推进，科学技术体制改革也势在必行，1985 年 3 月中共中央作出了《关于科学技术体制改革的决定》，提出经济建设必须依靠科学技术、科学技术工作必须面向经济建设的战略方针。这个决定的关键在于，加快技术成果商品化、促进技术成果转化为生产能力，从而适应社会主义商品经济不断发展的需要。然而，随着经济体制改革在各个领域的推进，市场作用场域覆盖面日益广阔，这种与传统计划体制抢地盘的市场广化遭遇到一个日益凸显的问题——双轨制问题，后者最终影响到科技体制改革的成效，即双轨制内生的身份关系使得科学技术与经济生活脱节严重，突出表现在这个阶段的科技转化率较低。民生方面的科学技术发展很大程度上依赖于“三来一补”项目的补偿贸易，通过这种形式引进科技，形式复杂且周期很长，它对经济促进作用终究有限，这也表明市场广化对经济的促进作用遭遇到内在制约。

二、市场深化阶段科技稳放结合

如上所述，随着经济体制改革的不断推进，市场介入了社会经济生活的各个领域（这里强调市场介入，表明市场尚未支配这些领域），新旧体制转换过程中双轨制问题凸显出来，经济体制改革由此进入深水区。1992 年 10 月 12 日，党的十四大召开，本次会议正式提出建立社会主义市场经济体制的改革目标。1993 年 11 月 11 日，中共十四届三中全会召开，会议审议通过了《中共中央关于建立社会主义市场经济体制若干问题的决定》，该决定特别强调：社会主义市场经济体制是同社会主义基本制度结合在一起的，建立社会主义市场经济体制，就是要使市场在国家宏观调控下对资源配置起基础性作用，市场基础性作用标志着经济体制改革进入了以双轨制并轨为主要内涵的市场深化阶段，这个阶段大致在 1992 年至 2002 年，即介于党的十四大之后和党的十六大之前。

价格双轨制是传统计划经济向社会主义市场经济转型过程中的过渡现象，其初衷是缓冲商品市场对社会生产的冲击，然而，在短缺经济的背景下，生产资料价格双轨制引起了普遍的官倒现象。1988 年，中共中央试图通过价格闯关方式实现价格双轨制并轨，囿于当时经济体制改革尚未到位，从而引起了全社会抢购风潮，价格闯关最终以失败告终。党的十四大以后，经济体制改革加速推进，这就为价格体制改革夯实了基础。1993 年，中共中央决定粮食定购“保量放价”，这意味着价格双轨制并轨首先在粮食收购价上实现了突破；到 1996 年，除电力、石油、通信等极少数产品采取政府定价，其他诸如煤炭、钢铁等重要生产资料的价格双轨制也告终结，这意味着生产资料的价格双轨制并轨基本实现。金融市场的双轨制也取得了重大突破，例如，1994 年，人民币汇率实现了并轨；1998 年，货币市场利率实现了市场化。到 2000 年，市场定价在生产资料销售总额、农副产品收购总额和社会商品零售总额中占比各自达到了 87.4%、92.5% 和 95.8%，市场定价为主的价格机制得以形成，初步建立了社会主义市场经济体制。

随着经济体制改革的不断深入，经济与科技的关系更加密切，科技体制改革也在不断深化。1994 年 2 月，国家科委、国家体改委联合制定发布了《适应社会主义市场经济发展，深化科技体制改革实施要点》，确立了科技体制改革的“稳住一头，放开一片”的基本方针。其中“稳住一头”是指稳定基础性研究、高科技研究以及关系国计民生的重大研究，藉此确保科技创新的社会主义方向；而“放开一片”是指放开与民生紧密相关的各类研发活动，推动科技成果商品化与产业化，它以市场原则为导向，指涉的是科技创新的动力和活力。“稳住一头”主要表现在 1997 年制定的“国家重点基础研究发展计划（简称 973 计划）”；就“放开一片”而言，由于内部统一市场尚在形成过程中，我国市场也在不断扩大以及消费需求不断升级，FDI 规模日益扩大，我国民生领域的科技创新主要表现为跟踪创新和模仿创新。

三、市场外化阶段开放科技成型

无论是市场深化，还是市场广化，都属于市场内化阶段，在这个阶段，主要是以对内经济体制改革为主，对外开放为辅，对内经济体制改革引领对外开放。2001 年底，我国正式加入 WTO，标志着我国的市场化改革进入了一个新的阶段，即市场外化阶段。适应 WTO 的新形势以及实现国内外市场一体的需要，中共中央对我国经济面临的国内外新形势作出科学研判，认为改革开放之初的“引进来”主战略必须适时转变。为此，党的十六大强调：“坚持‘引进来’和‘走出去’相结合，全面提高对外开放水平。”党的十七大进一步要求：“完善内外联动、互利共赢、安全高效的开放型经济体系。”由此可见，在市场外化阶段，改革与开放的权重发生了变化，即对外开放为主，对内改革为辅，以对外开放引领对内经济体制改革。市场广化阶段大致被界定于 2002 年至 2012 年，主要活跃于党的十六大至党的十七大。

按照加入 WTO 时的承诺，也为推进国内外市场的一体化，我国需要更加深入地推进经济体制改革。例如，为遵循 WTO 的非歧视原则、贸易互惠原则、最惠国待遇、贸易政策透明原则等，我国需要建立符合 WTO 规则的内外统一的贸易体制，大量清理不合时宜的法律法规工作，包括 3000 多个中央一级法律法规和部门规章，19 万多个地方性法规规章。[①] 在此基础上，我国对外贸易进出口总额由 2001 年的 0.88 万亿美元急剧增加到 2010 年的 2.97 万亿美元，增长 3.4 倍；相应地，中国外贸进出口总额的世界排名也由 2001 年的第 6 位上升到 2010 年的第 2 位。同时，我国引进外资以及对外投资数额也在不断增加，就前者而言，2010 年中国引进外资规模高达 1057 亿美元，2001 年同口径数据仅为 469 亿美元，增长了 2.3 倍；就后者而言，2001 年，我国对外直接投资仅为 69 亿美元，2010 年同口径数据达到 688 亿美元，增长近 10 倍，该年我国对外直接投资额位居世界第 5 位。正是通过市场外化，我国经济实现了腾飞，在 2001—2010 年，我国经济总量增长了 4.6 倍，年均增速超过 10%。由于经济高速增长，2010 年我国 GDP 规模高达 5.88 万亿美元，赶超日本稳居世界第 2 位。

可见，随着经济高速增长，经济外向型发展特征越来越明显，即在对外商直接投资“引进来”稳步增长的前提下，我国对外投资“走出去”也在迅速攀升，而外商直接投资与我国对外投资往往与科技发展导向密切相关。如果说前期我国科技主要由大规模外商直接投资而“引进来”，那么，市场外化阶段则表明我国科技开始通过我国对外投资而“走出去”。这种转变在很大程度上是由我国科技发展体制转变所引起来的，2003 年十六届三中全会在《中共中央关于完善社会主义市场经济体制若干问题的决定》中提出，“确立企业技术创新和科技投入

① 李斌．“入世”十年的中国成就［J］．经济师，2012，000（10）：45，47．

的主体地位，为各类企业创新活动提供平等竞争条件……必须由国家支持的从事基础研究、战略高技术、重要公益研究领域创新活动的研究机构”等。2005 年，国务院颁布了《国家中长期科学和技术发展规划纲要（2006—2020 年)》，开始提出建设创新型国家的奋斗目标。在科技发展体制改革的背景下，我国不但涌现了一大批以华为、大疆等为代表的民营科技创新型的国际企业和产品，而且，在国家创新体系支撑下，一批重大自主创新成果抢占了重要学科前沿和战略必争领域。由此可见，在市场外化阶段，开放型的科技发展道路开始成型。

第 4 节　创新驱动的经济发展方式

毫无疑问，市场驱动的科技创新带来了我国经济的高速增长，经济体量不断壮大；然而，这种创新主要是基于跟踪与模仿，由其诱致的经济增长也就不可避免地存在弊端，这种负面影响特别明显地表现在市场外化阶段。在市场外化阶段，我国着力通过出口导向战略拉动经济增长，经济规模的增长是建立在西方转移的二手科技基础之上的。这种科技创新在其策源地是一种质性创新，然而，对引进国而言，这种跟踪模仿创新则属于量性创新，它一方面扩张了我国出口的生产能力，从而使我国成为名副其实的世界工厂；另一方面又造成我国资源环境的过度消耗，经济增长的同时社会成本越来越高昂，这种生产方式也就难以为继。综上来看，无论是市场主导下的科技创新，还是政府主导下的科技创新，科技创新的作用都是有限度的。随着新时代的来临，我国社会主要矛盾已经转化为人民日益增长的美好生活需要和不平衡不充分的发展之间的矛盾，单纯依靠市场驱动，或是政府驱动，都难以解决新时代社会主要矛盾。作为一种可组织又不可完全组织的探索活动过程，创新既要作为目的，又要作为手段，创新驱动的经济发展方式就是在这个背景下出台的。

一、经济新常态的创新驱动

党的十八大以来，我国所面临的内外部经济环境发生了重大变化。首先，从我国内部经济情况（它是矛盾的主要方面）来看，由于市场拉动经济增长模式的长期化，路径依赖致使供给长期被锁定在一个较低水平上，远远跟不上国民收入日益增长所决定的内部需求的发展，归根结底，这种趋势性的供需矛盾不是总量问题，而是先前经济结构的内在痼疾，所谓“牛耕硬地受鞭抽”，日益高昂的经济社会代价逐渐耗尽了这种模式的增长潜力。特别是 2007 年次贷危机加速了市场拉动的经济增长模式生命进程的终结，对我国出口产业造成了毁灭性打击。为了对冲危机的负面影响，我国随之实施了一揽子的大规模经济刺激方案，例如“四万亿计划”，旨在扩大内需以应对危机。这些刺激政策避免了我国经济的硬着陆，但巨额财政债务也加速了我国经济的泡沫化，进一步扭曲了我国的经济结构。其次，从外部经济情况来看，西方各国深陷 2007 年次贷危机以及后续的西方主权债务危机泥潭而难以自拔，为了摆脱和转嫁危机后果，他们不惜以邻为祸，采取各种关税以及非关税手段以实施贸易保护主义。由于中国长期贸易顺差，出口是拉动中国经济增长的最重要引擎，西方国家肆意挥舞制裁大棒，阻止中国商品的出口，极大地阻碍了奉行出口导向的中国的发展。由此可见，市场拉动的经济增长模式已经举步维艰，我国经济转型迫在眉睫。

经济转型既意味着一个国家基本发展战略的转变，也意味着一个新时代的来临。随着我国社会的主要矛盾和基本发展战略的转变，中国特色社会主义新时代就此来临。经济转型的方向在党的十九大报告中得到明晰，即“我国经济已由高速增长阶段转向高质量发展阶段”。① 毫无疑问，中国特色社会主义新时代必然有其对应的经济新常态。早在2013 年 12 月 10 日，习近平总书记就在中央经济工作会议上首次提出“新常态”的范畴，随着党对新时代阶段性特征的认识不断深入，“新常态”的内涵也就不断得到充实和丰富：新常态最初针对的是新旧体系转换引起的经济增长速度大幅下滑的现象，进而提出了“三期叠加”的阶段性特征，即增长速度换档期、结构调整阵痛期以及前期刺激政策消化期等叠加在一起，因此，经济新常态的最初内涵是由“三期叠加”型构，经济新常态既是中国特色社会主义新时代的典型特征，也特指中国特色社会主义新时代的一个特殊阶段。随着时间的推移，我国经济新常态的内涵得到全面深化，主要体现在经济增长速度、经济增长结构以及经济增长动力三方面变化上，“一是从高速增长转为中高速增长。二是经济结构不断优化升级，第三产业、消费需求逐步成为主体，城乡区域差距逐步缩小，居民收入占比上升，发展成果惠及更广大民众。三是从要素驱动、投资驱动转向创新驱动”。②

党的十八大明确提出，“科技创新是提高社会生产力和综合国力的战略支撑，必须摆在国家发展全局的核心位置”。③ 事实上，无论是经济新常态中的经济增长速度，还是经济增长结构，都受制于经济增长动力。首先，创新驱动发展战略的内涵是指，新时代中国经济的发展取决

① 习近平．决胜全面建成小康社会，夺取新时代中国特色社会主义伟大胜利——在中国共产党第十九次全国代表大会上的报告［M］．北京：人民出版社，2017：30.

② 中共中央文献研究室．习近平关于社会主义经济建设论述摘编［M］．北京：中央文献出版社，2017：74.

③ 胡锦涛．坚定不移沿着中国特色社会主义道路前进，为全面建成小康社会而奋斗——在中国共产党第十八次全国代表大会上的报告［M］．北京：人民出版社，2012：21.

于科技创新驱动，而非资源能源等要素驱动，前者注重经济发展的“质”，后者强调的经济增长的“量”，因此，创新驱动发展战略就是要破除先前单纯追求增长速度的迷思。其次，创新驱动发展战略是为了更好地实现以人民为中心的宗旨，通过创新驱动发展战略，不断调整先前 GDP 导向下过度扭曲的产业结构、需求结构、城乡区域结构以及收入结构等，使经济增长结构更好地服务于最广大的中国人民。由此可见，创新驱动发展战略既是解决中国特色社会主义新时代主要矛盾的底层逻辑，也是实现我国经济自主自足自立自强的技术依托。为增强抵御外部冲击的能力，提高我国经济发展的坚韧性至关重要，我们就需要对创新驱动发展战略进行顶层设计，具体而言，必须坚持走中国特色自主创新道路，加快建设国家创新体系、提升自主创新能力，这就要求“广大科技工作者要把论文写在祖国的大地上，把科技成果应用在实现现代化的伟大事业中”。①

二、新发展阶段的高水平科技自立自强

随着创新驱动发展战略的深入实施，我国经济体量和规模不断扩张，经济发展质量有了明显提升，这也使全球经济中“东升西降”的趋势进一步加剧。在这种情势下，西方国家对中国发展的恐惧和焦灼日益增加，进而对中国经济发起了全方位的围堵和打压，遏制中国特别明显地表现在特朗普贸易新政上面。自特朗普当选美国总统以来，对中国的打压更是变本加厉，他不但无端地发起一系列对中国出口产品的反倾销调查以及征收高额关税，而且祭起西方知识产权法宝，不择手段地打

① 中国科学技术协会．中国科学技术协会第九次全国代表大会文件［M］．北京：人民出版社，2016：8.

压中国高科技公司，诸如中兴、华为以及大疆等，阻止这些公司获取高科技含量的关键部件，特别是芯片。此中缘由，尖端前沿的高科技是西方国家维持其全球政治经济霸权的物质技术基础。而在创新驱动发展战略的支撑下，我国经济发展品质不断提高，科技实力大大增强，这就加剧了西方国家的恐慌，致使我国的“引进—消化”科技创新之路也越走越窄。“真正的核心技术是买不来的，不能总是指望依赖他人的科技成果来提高自己的科技水平，更不能做其他国家的技术附庸。”① 这一方面标志着中国特色自主创新道路的无比正确，另一方面也意味着我国的科技自主自强的水平还不够，我们还要努力实现高水平科技自立自强。由此可见，中国特色社会主义新时代又进入了一个历史转折点。

西方围堵只是我国技术——经济范式发展转型的外因而已，事实上，这种转型本质上是我国经济高质量发展进一步提质升级的内在要求。2020 年我国全面建成小康社会，顺利实现第一个百年奋斗目标；而 2021 年又是我国社会主义现代化建设进程中的一个新的转折点，它正式开启了向第二个百年奋斗目标——全面建设社会主义现代化国家——进军的新征程。可见，中国特色社会主义新时代由此进入了一个新发展阶段，即推动我国经济高质量发展、全面建设社会主义现代化国家的新发展阶段。这个新发展阶段既是全面贯彻以创新为引领的五大新发展理念的必然要求，也是我们加快构建以国内大循环为主体、国内国际双循环相互促进为内核的新发展格局的前提和出发点。因此，新发展阶段、新发展理念和新发展格局的内涵逻辑是一脉相承的，“三新”的物质技术基础在于高水平科技自立自强。我国加入 WTO 以后实际形成了资源和市场“两头在外”的“世界工厂”的经济增长模式，这种模式

① 中共中央宣传部．习近平总书记系列重要讲话读本（2016）［M］．北京：学习出版社，人民出版社，2016：152.

在特朗普贸易新政背景下弊端日益凸显，它使我国经济越来越受制于人，究其根源，在于我国科技自立自强水平还不够高，可见，高水平科技自立自强有助于打破这种他主发展模式。更重要的是，高水平科技自立自强能够阻止高水平需求外溢，从而扩大内需，夯实国内大循环的物质基础，这有助于强化我国经济发展的自主自足性。因此，高水平自立自强能够增加我国经济发展韧性，真正将我国建设成为创新驱动发展的社会主义现代化国家。

需要强调的是，高科技垄断是维持西方霸权主义和强权政治的物质技术基础，与之相对，高水平科技自立自强则是维护我国主权独立的物质技术基础。在新时代社会主义市场经济条件下，高水平科技自立自强需要统筹基础研究和应用研究的关系，原创性和引领性的基础研究是应用研究的地基，如果这个地基打得不扎实，一国在关键核心技术上就会受制于人，霸权国家就会动辄掐脖子，例如中兴和华为芯片断供事件。基础研究落后会使民族国家的科技体系处于脆弱和不稳固状态，可见，原创性和引领性的基础研究是高水平科技自立自强的根基。基础研究的市场属性不强，单纯依靠市场难以支撑原创性基础研究，基础研究主要还得依靠政府财政拨款。在新发展阶段，我国还必须探索社会主义市场经济条件下的新型举国体制，进一步拓宽投资渠道从而推动原创性和引领性的基础研究深入发展，社会主义初级阶段的基本经济制度能够提供制度保证，这也是我们的制度优势。为构建双循环的新发展格局，新发展阶段的基础研究并不是封闭发展，而是通过应用研究进行牵引，进而扩散产业经济中，形成一条“科技强→企业强→产业强→国家强”的逻辑进路。这种技术——经济范式的革命能够孵化出新发展阶段的高水平科技自立自强，进而增强我国经济发展韧性。事实上，高水平科技自立自强是一种开放体系，它通过整合国际创新要素，必将加速我国创新型国家建设的成型，推动我国成为科技创新的策源地。

第 7 章　创新驱动发展战略的系统逻辑

第 1 节　科技创新的逻辑进路

鉴于经济进入新常态，高质量发展已成为新时代中国特色社会主义经济的内在要求。为了加速经济转型，供给侧结构性改革就成为我国将来很长一段时期的经济工作主线。然而，高质量发展要求与其相适应的内生动力，这种经济发展新动力只能建基于创新之上，为此，我国及时提出了创新驱动发展战略。需要说明的是，创新驱动发展战略是一个有机统一体，它蕴含生产力和生产关系两个方面内容，“一个是科技创新的轮子，一个是体制机制创新的轮子，两个轮子共同转动，才有利于推动经济发展方式根本转变”。[①] 上述两个轮子中，体制机制创新可为创新驱动发展战略的实施营造良好的社会支撑环境，因而，它是生产关系

---

① 中共中央文献研究室．习近平关于科技创新论述摘编［M］．北京：中央文献出版社，2016：65.

导向的；科技创新则可夯实创新驱动发展战略的物质内涵，可见，科技创新是生产力导向的。显而易见，创新驱动的两个轮子并不可等量齐观，按照唯物史观，生产力是生产方式的根基，而科学技术是第一生产力，因此，创新驱动发展战略的核心是科技创新，反过来说也一样，科技创新是创新驱动发展战略的根基所在。由此可知，“实施创新驱动发展战略，必须紧紧抓住科技创新这个‘牛鼻子’，切实营造实施创新驱动发展战略的体制机制和良好环境，加快形成我国发展新动源”。①

我们习以为常的科技创新包含科学创新与技术创新这两方面内容，它们两者无论在性质上还是在特征上，都不完全相同。为此，我们先来探讨科学与技术之间的特征事实，之后我们再给科学创新与技术创新这两个范畴定性。首先，就科学而言，科学的目的是从纷繁复杂的自然现象中探求客观事物之间内在的、本质的和必然的联系，在此过程中人类的感性认识也就上升为理性认识，这个目的决定了科学试图解决“是什么”和“为什么”等实然性问题。由于科学主要活动于人类的认识领域，它表征的是人类对外在世界的认识能力，因此，科学创新就是在人类已有认识的基础上，对自然界固有的客观规律有更深地认识和发现。其次，就技术而言，技术的目的是使已经形式化和系统化的科学知识体系升华，使这些理性认识进一步指导实践，通过实践改造外在自然，使其更加合乎我们的目的，这个目的规定了技术试图解决是“做什么”和“如何做”等应然性问题。由于技术主要活动于人类的实践领域，它是通过实践的直接现实性来检验理性认识的真理性问题，以此表征人类对外在世界的改造能力，因此，技术创新就是人类在现有的科学知识和物质文化的支撑下，改进或创造出高质量的新事物，从而更有

---

① 中共中央文献研究室．习近平关于科技创新论述摘编［M］．北京：中央文献出版社，2016：17.

效地调节人类与自然之间的物质交换。简而言之，科学是理论形态的知识体系，科学创新的实质是格物致知；技术则是将理论知识应用于实际问题，技术创新的实质是学以致用。

如上所述，科学与技术的活动领域各不相同，这就决定了它们在不同生产方式的经济价值规定性也不相同。无论是在商品经济还是农耕经济条件下，单纯的科学创新没有经济价值，原因在于科学主要活动在认识领域。商品经济发展程度不同，科学创新的出发点存在很大的差异，在简单商品经济条件下，科学创新在很大程度上是一种自发行为；而在发达商品经济条件下，科学创新开始转变为一种自觉行为。作为一种公共知识，科学是不能转让和出卖的，因此，这种自觉的科学创新需要顶层设计和政府财政支持。与之相同，技术在农耕经济条件下当然不具有经济价值；然而，在商品经济条件下，技术由于其直接现实性，或者说技术主要活动在实践领域，并且表现为复杂劳动，故技术创新在商品经济条件下具有巨大的经济价值。由于技术能够通过排他性占有而获得超额剩余价值，这种具有巨大经济价值的技术可以转让和出卖，因此，超额剩余价值就会激励经济主体自动自觉地加大对技术的研究和开发。在前资本主义社会中，科学与技术主要是各自孤立地缓慢发展；在现代市场经济条件下，按照最大限度获取经济价值的问题导向，科学和技术之间结合得日益密切：离开科学的指导，技术创新难以取得重大突破；同理，离开技术的支撑，科学创新也难以深入发展。在现代市场经济条件下，科学创新与技术创新两者之间呈现为正反馈的互推关系，这既使得两者之间关系日益模糊，也使得科学技术的发展速度一日千里，极大地改变了社会经济生活的面貌。

毫无疑问，技术创新是在科学理论的指导下推进的，科学创新是技术创新的源泉；然而，技术最终是要与生产实践对接的，特别是在市场经济条件下，技术创新往往引起产业创新，从这个意义上来讲，产业创新又是建立在技术创新的基础上，或者说技术创新又成为产业创新的依据。然而，技术创新与产业创新两者并不是直接等同的，我们还需要对技术创新扩散到产业创新的过程与机理进行分析。一般地说，重大科学创新引发技术质性创新，技术质性创新又会引发技术量性创新，而技术量性创新的最终结果便是技术定型阶段，由此，现有产业最终走向衰亡，与此相对，新产业则不断成长。相应地，从产业的成长阶段（微观层面体现为产品的生命周期）来看，技术创新传递到产业创新一般会经历三个阶段：产品创新主导阶段（亦称不稳定阶段）、工艺创新主导阶段（亦称过渡阶段）以及组织创新主导阶段（亦称稳定阶段）。在上述三个阶段中，技术创新具有不同的性质和类型特征，具体表现在产品创新、工艺创新以及生产组织创新在不同创新阶段的权重各有不同。

由于理论与实际的距离，理论要落地必然存在诸多不符合现实的情况，这些都有待于生产实践的检验。科学创新将直接传导到技术创新，技术创新则将科学创新与生产实践联系起来，提出了研发新产品的任务，它可将想象中的彼岸产品变现，这些就型构为技术创新的第一阶段：产品创新阶段。作为技术创新主要形态之一，产品创新初次将科学理论原型付诸实际；然而，由于理论的彼岸性，想象产品在变现过程中，其性质和功能结构经常会发生方向性变化，因此，这个阶段的产品创新极为活跃。随着产品性质和功能结构的巨大变化，产品制造也必然随之变化，其工序种类、次序等要求能够灵活调整，由此表明，频繁的产品试制与创新只能是小规模地进行，由此需要灵活多变的生产工艺来配合。毫无疑问，为了适应活跃的产品创新，以及柔性强的工艺创新，组织中少数的能工巧匠只能借助现有的通用工装设备和材料等进行全过程创制，因此，这种弹性制造特征决定生产只能依托于非正式生产组织。总的说来，在这个阶段，围绕新产品面世的技术变动极为巨大，或者说，技术本身处于不断创新过程中，以至于产品设计经常要推倒重来。由此可见，这种以产品创新为内涵的技术创新是频繁的、颠覆性的，没有统一依循的，因而，具有研发费用高而生产效率低的特征，这种技术质性创新的最终结果就是，形成了一套创新产品的主导设计。

作为不稳定的产品创新阶段的最终成果，主导设计的出现使得产品创新频率快速下降，主导设计也就成为下一阶段的技术创新的统一依循。主导设计确定意味着创新产品的性质和主体功能结构得以确定，接下来技术创新重点就转移到产品品质的提高、产品样式的增加以及产品成本的下降，这些有赖于以生产过程管理为内容的工艺创新，这意味着技术创新过渡到了第二阶段。工艺创新就是通过对生产工艺及流程的反复调试，不断对既有主导设计的生产技术进行二次开发，借助于工艺开发的经验积累，主导设计的生产技术瓶颈不断被突破，于是，这种工艺创新进一步完善了主导设计，相应地，它也为下一步的标准化批量化生产打好基础。由此可见，工艺创新处于一个过渡阶段，这种具有一定刚性的生产工艺创新本质上属于渐进式创新。然而，工艺创新中存在两对矛盾，即产品品质提高与生产成本下降的矛盾（质量与成本），生产效率的提高与产品品种增加的矛盾（专业与范围）。为此，区别于产品创新，工艺创新必须使用专用设备替代通用设备，部分实现生产过程的自动化，以便高效率地加工专门的制造材料。与生产工艺创新相适应，控制性和协调性至关重要，因此，生产组织形式主要借助于具有较强控制和协调能力的项目小组形式。

经过第一阶段的产品创新，产品已经定性，主导设计得以确定；经过第二阶段的工艺创新，工艺规程已经定型，致使生产工艺难以转换，其刚性特征日益明显；至此，硬性技术创新已退居次席。由于满足了更高品质的需求，新产品具有极为活跃的市场需求，于是，提高新产品生产效率以及降低其生产成本现在就至关重要了，这使得以组织生产为内涵的软性技术创新成当务之急。由此，技术创新过渡到第三个阶段：组织创新阶段。如前所述，先前的产品创新和工艺创新等硬性创新阶段，主要依赖于多专多能的高级技工，借助通用设备和现存材料等，从事产品的研发等复杂劳动，因而存在生产效率低下且生产成本高昂等问题。在组织创新阶段，企业为了实现企业扩大生产和降低成本的目标，需要完成非标准化生产到标准化生产的转化，这就是本阶段组织创新的任务。为此，组织创新阶段通过生产组织的优化调整，岗位的合理化设置、权责利的范围明确等，大力推进大规模、标准化和批量化生产，从而将先前创新成果固化起来，实现非标准化生产向标准化生产的转变。具体而言，组织创新按照产品类型进行生产线优化布局，采用自动化程度高的专用设备以及专门生产材料，合理切分生产工序，不断细化分工以增加其专业化程度，通过这种流水线生产实现垂直一体化生产。毫无疑问，复杂劳动简单化使劳动丧失内容，然而，这种非人化生产带来了高效率，最终实现了适应社会需求的新产品的批量生产。

科技创新的结果就是创造了更加符合社会需求的关键性新产品，显而易见，产品创新从来就不是孤立进行的，关键性新产品又会促进与其配套的上下游产品的研发活动，因为这些产品之间存在着投入产出的有机联系，因此，产品的链式创新意味着产业的创新，或者说，科技革命最终引发了产业革命，整个产业的全球价值链位置就会发生跃升。而“在国际产业价值链加速重构和新产业革命兴起的背景下……产业升级本身就是高端要素①不断变化升级的过程，产业创新发展与高端要素的集聚提升彼此互为条件又互为结果。”② 由产业创新带来的产业集聚会促使劳动力、技术、资本与土地等供给四要素发生质变：首先，产业集聚会引起大量高素质人才聚集，通过创新产业化进程，又会极大地提高

① 高端要素资源，包括人才、科研机构、研发投入、信息、知识产权、金融资本等。

② 成长春，杨凤华．协调性均衡发展：长江经济带发展新战略与江苏探索［M］．北京：人民出版社，2016：226.

产业工人的素质；其次，产业集聚会引起相关企业激烈竞争，不断进行技术创新是创新企业竞争的主要手段，这就会提高产业整体技术水平；再次，产业集聚的科技创新前景，会引发金融资本，特别是风险资本的涌入，这些金融资本进一步夯实了新兴产业资本基础；最后，产业集聚主要体现在产业空间上，而这会显著地提高地租水平，从而促使土地能够得到优化配置和合理利用。可见，“一次次科技和产业革命，带来一次次生产力提升，创造着难以想象的供给能力。”① 而这正是我们推进供给侧结构性改革的意义所在，由此，科技创新到供给侧的逻辑也得以阐明。

第2节 机制创新的逻辑进路

如前所述，经济发展方式的根本转变有赖于创新驱动发展，而推动创新驱动发展必须倚仗科技创新和体制机制创新这两个轮子，正如习近平总书记所说，“创新是一个系统工程，创新链、产业链、资金链、政策链相互交织、相互支撑，改革只在一个环节或几个环节搞是不够的，必须全面部署，并坚定不移推进。科技创新、制度创新要协同发挥作用，两个轮子一起转”。② 如果说前文所探讨的科技创新的轮子主要涉及生产问题，那么，制度创新（或者说体制机制创新）的轮子将涉及我们所要探讨的流通问题，因为生产与流通在创新驱动发展战略体系内

① 习近平．习近平谈治国理政（第2卷）［M］．北京：外文出版社，2017：255.

② 习近平．为建设世界科技强国而奋斗——在全国科技创新大会、两院院士大会、中国科协第九次全国代表大会上的讲话［M］．北京：人民出版社，2016，13-14.

是有机联系的。基于此，我们就有必要统筹探讨创新驱动的内容与形式，在科技创新夯实供给侧内容的基础上，进一步从体制机制创新的角度拓展创新驱动的外在形式，后者主要作用于我国所提出的“一带一路”倡议上。为了降低“一带一路”沿线国家的发展成本，从而推动沿线国家共同繁荣发展。“我们要将‘一带一路’建成创新之路。创新是推动发展的重要力量。‘一带一路’建设本身就是一个创举，搞好‘一带一路’建设也要向创新要动力。”① 因此，我国需要在沿线国家互通合作的基础上，发挥创新驱动策源地和科技创新高地的支撑引领作用，通过诸如政府合作、企业主体、地方参与、协同创新、政策环境等体制机制创新，实现科学技术成果向沿线国家的梯度转移以及创新要素向我国的集聚。

要实现科学技术成果和创新要素的双向流动，关键在于体制机制创新，后者需要体现共商共建共享的基本原则，按照“政府搭台、企业唱戏”的逻辑，这些体制机制创新②大致可归结为政府型的体制机制创新和社会型的体制机制创新两大类，前者主要为对外科技创新合作创造环境，后者则是夯实它们的内容：

1. 政府型的体制机制创新：要将“一带一路”建成创新之路，涉及不同主权国家，因此，与沿线国家中央政府加强科技创新合作是第一要务，通过创新政府间科技合作、推出跨国科技创新合作项目、在科技创新中引入国际科技组织等。同时，地方政府（特别是沿边地方政府）要创新各具特色的地方合作机制，利用它们的地缘优势，积极与沿线国家开展技术转移、共建研发机构和科技园区等。为支持中央和地方各级政府的对外科技创新合作，最后需要优化国内政策环境，包括创新科研

---

① 习近平．习近平谈治国理政（第2卷）[M]．北京：外文出版社，2017：513.

② 科技部　发展改革委　外交部　商务部关于印发《推进“一带一路”建设科技创新合作专项规划》的通知，http：//www. most. gov. cn/tztg/201609/t20160914_ 127689. htm.

管理体制和评价制度，支持科研人员投身对外科技创新合作等。

2. 社会型的体制机制创新：“一带一路”科技创新双向转移要行稳致远，企业创新首先必须发挥主体作用，基于市场化原则行事的企业创新才能推动大中小型企业长期参与到“一带一路”创新转移事业中来。其次，除了基于市场化原则的企业创新以外，我们还需要辅以一些公益性的民间组织创新，通过它们搭建“一带一路”沿线国家的民间科技组织合作网络平台，积极开展各类学术交流与往来等。最后，各种正式的和非正式的创新主体之间需要进行协同创新，开展重大项目协作研发机制，深化沿线国家之间产学研合作，在此基础上，完善科技创新在沿线国家之间的转移机制。

然而，科技创新在“一带一路”沿线国家之间的扩散与聚集是以其在我国境内的扩散为前提的，为此，我们在详细分析科技创新在沿线国家的扩散与集聚之前，先要概略地分析科技创新境内扩散的体制机制创新问题。事实上，科技创新以及由其引发的产业创新优化了我国供给侧结构，这既是国内外经济环境变化倒逼的结果，也是我国基于经济形势的准确预判而采取的主动施策。基于出口导向的经济增长模式已经难以为继，而这个过程中形成的我国巨大传统技术能力如何转移？美国一直未能彻底走出金融危机泥潭，频频祭出贸易保护主义大旗，可见，我国向东出口拓展空间是极其有限的。为此，我国需要重新调整自己的战略定位，以创新驱动本国经济发展，将我国建设成为创新驱动的策源地，藉此摆脱先前的世界工厂的角色，建设中国特色的创新型国家。在国内扩散科技创新成果的根本之道在于坚持和完善社会主义基本经济制度，这是推动创新驱动发展的最重要的体制机制：其中“坚持公有制为主体、多种所有制经济共同发展”是夯实基础性研究的经济基础，而“坚持社会主义市场经济体制”则是激励应用性研究的社会环境。在这个前提下，我们能够实现政府自觉作用与市场自发作用的有机结合，进而推进科技体制机制创新，使各类创新要素充分涌流。而伴随着社会主义市场经济体制的健全和完善，高度统一的国内市场加速形成，这有助于实现科技创新成果在不同区域、不同产业的高效扩散，中国特色自主创新道路也就得以夯实。

我国是一个大一统的社会主义国家，那些支撑科技创新成果在国内扩散的体制机制协调能够在基本经济制度的框架内实现。而科技创新成果在我国内部的扩散，有助于奠定我国成为创新驱动策源地的基础；然而，这种地位的有效实现，却有赖于我国与各伙伴国之间的科技发展水平存在着梯度差异，“一带一路”沿线国家正好契合了这种条件。“一带一路”沿线涵盖亚洲、欧洲和非洲，一般而言，经济发展水平和科学技术水平总体落后，并且差异极大：我国东南沿海的东盟各国经济发展水平较高，对外开放程度也高，然而其科学技术偏重于应用性；中东国家拥有丰富的石油资源，比较富裕，然而其产业结构不完整，国民经济依附性较强，其科学技术多通过引进；南亚国家经济主要以靠天吃饭的农业为主，经济较为贫困落后，其工业化的历史任务还未完成，科学技术相当落后。中亚草原国家国土广袤，农业发展水平很低，取而代之的是牧业，科技水平同样较落后。独联体国家传统工业基础较好，经济结构也较完整，科学技术水平也有相当的基础。中东欧各国毗邻西欧，其科教文卫事业都较为发达，有相当基础的科学技术人才。

巨大的国情差异使沿线各国支撑科技创新的制度环境也差异巨大，为了使策源地的科技创新能够有序地向沿线国家进行梯度转移，沿线各国的科技创新进行协同就尤为必要了，这就需要支撑科技创新成果转移的体制机制创新了。为了推动我国创新驱动策源地的有效实现，我们必须针对东道国的不同情形转移不同内涵的科学技术成果，这就决定了推进不同类型的支撑性的体制机制创新。

我们知道，“一带一路”包括“丝绸之路经济带”和“21 世纪海上丝绸之路”两大部分，前者又称“陆上丝绸之路经济带”，它东连亚太，沿线途经中国西部、中亚、西亚、中东欧，西通西欧。由此可见，“丝绸之路经济带”具有典型的大陆文明特征：尽管其东西两端连接的都是发达经济圈，然而，沿线国家经济发展水平总体落后，资源丰富，生态环境却较差，地域广阔，交通却不方便。“丝绸之路经济带”沿线国家的总体特征，决定了沿线国家当前亟需实现工业化，而这有赖于从外部得到传统的科学技术成果的输入。与之相应，先前东向发展战略加速了我国经济技术发展，特别是东部地区的经济技术发展，以至于东部地区已发展到经济信息化阶段，而西部地区尚停留在传统工业化阶段。由此可见，先前单纯东向发展战略在一定程度上拉大了中西部地区的经济技术差异。随着美国贸易保护主义盛行，我国经济技术生产能力过盛问题日益凸显，特别是传统科学技术能力过盛问题严重，因此，我国西部地区亟需进行经济发展转型，从而熨平东西部经济技术发展鸿沟。由此表明，丝绸之路经济带沿线国家需要传统的工业化科学技术，我国西部地区也需要科学技术的优化升级，因此，我国应将成熟的传统工业化科学技术向西域转移，从而在丝绸之路经济带的整个经济区域实现合理化分工。

“21 世纪海上丝绸之路”串联起中国东南沿海地区、东盟、南亚、中东、北非及欧洲等，形成一个勾连亚、欧、非三大洲沿海区域的海上丝绸之路。与“丝绸之路经济带”不同，“21 世纪海上丝绸之路”具有明显的海洋文明特征：由于沿线所经过的那些海域资源具有非常重要的经济价值，特别是众多的国际航运繁忙的海峡和国际水道，因此，“21 世纪海上丝绸之路”沿线国家的开放程度较高，商业经济特别是海上贸易比较发达，大多数沿海国家较为富裕；然而，沿线国家围绕争夺海洋资源的纠纷和战乱也十分频繁，并且这些国家对外依存度较高，经济结构也较为脆弱。“21 世纪海上丝绸之路”沿线国家的总体特征，表明沿线国家迫切需要实现市场一体化，这在物质技术基础上就需要提高商业现代化程度，而这有赖于从外部得到现代的信息化科技成果的输入。前已述及，在东向发展受阻后，我们要大力发展西向战略，该战略除了通过陆路实现以外，我们还可以通过海路来加强与“21 世纪海上丝绸之路”沿线国家经济联系。鉴于我国东部地区已发展到经济信息化阶段，该地区的电子商务也已发展得相当成熟，需要夯实基础性科研，我国东部地区将应用性的电子商务科技向沿线国家转移就十分必要，且条件成熟；反过来，也会引发对基础性科研的更大需求。

作为一个社会系统，创新驱动发展战略既要有输出，也要有输入。前面我们已经阐述了我国科学技术成果经由“一带一路”向外转移的情形，下面我们就要分析“一带一路”沿线国家的创新要素向我国回流的情况。一般地说，创新要素主要包括四项：创新主体、创新客体、创新机会和创新环境。表面上看，“一带一路”沿线国家科学技术的总体水平比较低，它们的创新要素比较少，从而这些创新要素反向输出到策源地之国的可能性较少。然而，通过对科学技术再创造的角度看，我国科学技术成果不断向沿线国家转移，沿线国家可以对这些科学技术进行吸收再创造，经过一段时间，沿线国家的总体科研水平也会得到不断提升。在此进程中，一大批创新性人才也必定脱颖而出，这些创新主体包括科技人才和企业家队伍。在此基础上，这些创新主体也会基于本土经济发展需要，因地制宜地提出一些发展具有本土特色研发项目的需求，以及支撑这些项目的资源研发利用。然而，由于东道国科学技术基础相对薄弱，无论是沿线国家的创新主体，还是创新客体，都需要在更高层面上得到协同创新。因此，在四大创新要素中，东道国创新主体和创新客体能够反向流入策源地。我国作为“一带一路”的策源地，必须为那些从东道国流入的创新要素提供创新机会和创新环境等。

为了给创新要素回流提供创新机会和创新环境，创新策源地建设在我国势在必行。为此，我国首先需要提高集成创新能力：所谓“药不到樟树不齐，药不过樟树不灵”[①]，只有集成创新能力才能使回流的创新要素在我国得到充分实现。其次，创新要素的实现是以正确的市场评价为前提的，为此，我国还必须完善科技金融体制，特别是支持科技创新的风险投资，华为全球重金招募天才少年计划即为例证。再次，我国还必须完善知识产权，后者可以提高创新主体的积极性，使创新要素引得来，还留得住，从而形成科技创新生态和文化。最后，我们在推进科技创新过程中，还需要统筹发展共性技术和个性技术，共性技术有利于科技创新的传播，个性技术则有利于建设科技创新的高地。所谓“聚是一团火，散是满天星”，这些具体举措能够实现科技创新成果的转移和创新要素的回流有序进行，进而巩固我国作为科技创新策源地的地位。

第 3 节　环境创新的逻辑进路

我们已经从直接意义上分别考察了创新驱动发展战略的生产逻辑和流通逻辑，然而，从辩证法来看，生产离不开流通，同样，流通也离不开生产，两者构成一个完整的总体，这个总体性是通过生成机制实现的。具体来说，在创新驱动→供给侧中，创新驱动作为抽象的先行总体，生成更为具体的供给侧总体，所以这个供给侧与创新驱动之间并不

---

① 龚育之，杨春贵，石仲泉，周小文. 重读邓小平（下卷）[M]. 北京：中共中央党校出版社，2004：463.

是单纯地先后继起且分立的关系，而是由创新驱动生成并以供给侧体现出来的一个新总体，完整的生产逻辑体现为：创新驱动→供给侧（创新驱动）。同理，在供给侧→“一带一路”中，供给侧也是作为相对抽象的先行总体，生成更为具体的“一带一路”总体，所以，“一带一路”是由供给侧生成，内化了供给侧的“一带一路”也具象化为一个新总体，因此，完整的流通逻辑体现为：供给侧→“一带一路”（供给侧）。由此可见，每个先行总体都生成为新总体并成为其内核，致使新总体的规定性日益丰富和具体，依此可知，创新驱动发展战略的总体逻辑链条也就体现为：创新驱动→供给侧（创新驱动）→“一带一路”（供给侧）。

事实上，我们既可以从生成视角看待创新驱动发展战略的总体性，从而把握其历时性态，考虑到“创新驱动→供给侧→一带一路”三者之间的生成转化是循环往复、周而复始的，因而，这些不同层次总体也就会表现为在空间上并在时间上继起的特征，因此，为了进一步把握该系统，我们还可以从生态视角看待创新驱动发展战略的总体性，这种总体性体现为该战略的共时结构，这些结构实质型构为科技创新的生态环境，科技创新的生态结构过程就是我们在这部分所要考察的创新驱动发展战略的生态逻辑。鉴于事物所面对的社会情境不同，其所嵌入的生态系统也就会有所不同。基于本主题研究的需要，我国创新驱动发展战略会嵌入国内、区域和国际三个规模不等的生态系统，这三个生态系统也有着内嵌关系。毫无疑问，我国科技创新所嵌入的国内生态系统成为上述三大生态系统的内核，既表明其具有一般性，也表明其具有特殊性，它是建设中国特色自主创新道路的依归。我国科技创新所嵌入的区域生态系统主要是涵盖“一带一路”范围，它连接着国内生态系统和国际生态系统，是我国科技创新“引进来”和“走出去”的重要窗口。而我国科技创新所嵌入的国际生态系统则是由西方发达资本主义国家所主导的，该生态系统存在两面性：既是前沿科技创新的孕育地，又存在着严重的操控与排斥等问题。

我们要理解和把握科技创新的生态系统，需要从内向外进行引申；反过来，我们试图发现科技创新生产系统的问题所在及改善的着力点，却必须由外向内进行溯源。毋庸讳言，当前我国科技创新所嵌入的国际生态系统是新自由主义导向的，由少数西方发达资本主义国家所主宰，目的是服从服务于国际金融垄断资本的利益。在这个生态系统中，西方国家处于全球价值链的顶端，主要从事原创性的研发，这种科技创新使西方国家处于主控地位；相反地，外围国家处于全球价值链的中低端，主要从事加工制造指向的模仿性或跟随性的科技创新，因而它们处于受控地位。倘使外围国家试图推进自主创新，西方国家便会不遗余力地进行打压，这在西方各国疯狂打压华为公司时表现得特别明显。由此可见，在科技创新生态系统中，国家主权是进行自主创新的前提，因此，我国应在坚持主权平等前提下，开辟属于自己的根据地，走新型农村包围城市的自主创新之路，是我国积极推进“一带一路”倡议的初衷之一。科技创新所嵌入的这个区域生态系统在尊重各国主权的前提下，坚持共商共建共享的原则，承认各国科技创新存在梯度差异，有助于区域之间加强协同科技创新。在区域创新生态系统中，“一带一路”沿线国家科技创新能力普遍较弱，作为世界第二大经济体，我国要肩负起科技创新策源地的作用，带动整个区域创新生态良好发展，因此，建设好科技创新的国内生态系统是我国创新驱动发展战略的重中之重。

为了夯实我国的科技创新策源地地位，我国需要建设和完善包括基础研究、应用研究、创新转化、产业化等组成的国内创新生态系统势在必行，它是我国科技创新的活水源头。这个国内生态系统需要贯通产业链、供应链、价值链和创新链等，形成一个涵盖政府购买市场的国内统一市场，在这个市场中，各种创新要素存在有机联系且能够相互转化，从而形成一个协同创新体系。这个国内生态系统应涉及政府、企业、科技人才等主体以及相应的政府行为、企业行为、市场行为等。对于这些行为的基本依循，党的十九届四中全会关于社会主义基本经济制度的新论述给出了答案，即“坚持和完善社会主义基本经济制度，推动经济高质量发展。公有制为主体、多种所有制经济共同发展，按劳分配为主体、多种分配方式并存，社会主义市场经济体制等社会主义基本经济制度”①。社会主义基本经济制度全面囊括了生产、分配和交换等社会再生产诸环节，而现代社会中，科技创新过程是内嵌于社会再生产过程的，从这个意义上来说，社会主义基本经济制度为构建科技创新的国内生态环境提供了基本依循。

所谓“万丈高楼平地起”，楼房建造的高度取决于承载它的地基打得多深，如果应用研究好比楼房，那么，基础研究就如同地基。基础研究是探索自然现象的内在原理或发生机制，进而形成一套知识体系。基础研究属于认识领域，它的突破意味着人类认识由必然王国向自由王国的跨越。基础研究是应用研究的基础，它为应用研究提供“砖”与“瓦”这些共性素材，应用研究可用这些“砖瓦”搭建各种用途的“建筑”。由此可见，基础研究承载各种应用研究，从而是整个创新生态的基础，这就是基础研究的独特作用。然而，基础研究尽管很重要，它的基础性作用却主要体现在对社会发展的长远性和整体性，而认识领域的属性使我们很难直观地感受到它的存在。反过来说，基础研究不具备垄断性，也没有立竿见影的效果，表明它的经济属性或市场属性不强，这就与现实市场的逐利性背道而驰。至此，基础研究中的政府与市场的关系问题就凸显出来，显然，单纯依靠市场来推进基础研究是缘木求鱼，

① 中国共产党第十九届中央委员会第四次全体会议公报［M］. 北京：人民出版社，2019：11.

但现实生活中我们又离不开市场，因此，我们“必须坚持社会主义基本经济制度，充分发挥市场在资源配置中的决定性作用，更好发挥政府作用”[①]。我们必须在市场决定性基础上，积极发挥政府财政的导向作用，激发科研人员从事基础研究的兴趣，或是以政府财政全额拨款方式发展科研院所，或是以政府购买方式支持社会科研组织，切实支持基础研究的推进。

毫无疑问，应用研究建立在基础研究的基础上，它是基础研究在实践领域的具体应用，深厚的基础研究才能支撑丰富的应用研究，所以，两者之间的关系是相辅相成、辩证统一的。应用研究探讨如何将基础研究中得出的理论知识转换为服务于社会生产实践的技术研究，它的巨大发展需要作为基础研究成果的科学理论的突破，由于它能将理论见诸于实践，这种直接现实性使应用研究主要活跃于实践领域。与基础研究不同，应用研究实质上是致用之学，主要目的是提高社会生产生活的品质与效率。更为重要的是，应用研究的成果——如产品与工艺等——能够被人为垄断，在市场经济条件下，它们就能够转化为商业机密，因而，应用研究具有强烈的经济属性或市场属性。应用研究的经济属性在市场中得以彰显，或者说，市场能够提供应用研究发展的沃土。因此，对于应用研究，我们在社会主义基本经济制度中，更加偏重包括公有制在内的多种所有制经济共同发展以及社会主义市场经济体制等因素，建立以企业为主体、市场为导向的技术创新体系，支持各种类型企业和各类主体的协同创新，使应用研究源源不断地出现，进而推动产业科技水平的不断提高。

如上所述，应用研究成果有着巨大的经济价值，但它仅仅处于潜伏

---

① 中国共产党第十九届中央委员会第四次全体会议公报［M］. 北京：人民出版社，2019：11.

状态，这种价值尚未得到固化和彰显，其价值的真正实现要以科技成果产业转化为前提，或者说，应用研究成果的经济价值是由科技成果的社会化大生产所赋予的。然而，实验室里成功的技术成果，并不一定能够直接获得市场的接受。事实上，“科技成果从实验室的技术到商品化再到规模产业化，是一个很长的过程，需要经过实验室技术投资孵化→产品商业化→产业化。”① 只有通过产业化应用，科技成果的价值才能得以彰显和揭明，最终实现以技术转化带动产业发展，以产业融合促进技术更新。因此，我们“要加快建立主要由市场评价技术创新成果的机制，打破阻碍技术成果转化的瓶颈，使创新成果加快转化为现实生产力。”② 对于架构科技创新与产业发展之间的桥梁，我们要不断完善社会主义市场经济体制机制，充分发挥市场的决定性作用，让市场真正成为检验科技服务社会的竞技场，通过深化改革的办法，要突破制约破除一切制约产学研相结合和科技成果转化的体制机制瓶颈，使企业成为科技成果转化的主体，使高校以科技创新为教育导向，使科研机构面向市场开展工作，全面建设产学研深度融合的技术创新体系，使科技成果更快转移转化、推广应用，提升产业基础能力和产业链现代化水平。

要构建一个完整的有纵深的科学技术创新的国内生态，关键技术和核心技术是整个科学技术创新中的瓶颈，它可谓是整个科技创新体系皇冠上的明珠。由于关键技术和核心技术是一国科学技术创新的矛盾聚集点，它的突破能够带动一大批原始创新和应用创新，从而提升整个科技创新的品质。反之，如果关键技术和核心技术受制于人，那么本国科学技术就很容易被人“卡脖子”，就会被锁定在一个低水平陷阱中。这种

---

① 李建军．科技成果转化的投资孵化创新探索［ED/OL］．https：//www.sohu.com/a/260129820_115495.

② 中共中央文献研究室．习近平关于科技创新论述摘编［M］．北京：中央文献出版社，2016：60.

状况使本国科技创新不得不依附于他人，从而失去科技创新的自主权。从这个角度来看，关键技术和核心技术是推进自主创新、进而是建设创新型国家的抓手，也是整个国内创新生态的上层建筑。然而，关键技术和核心技术的突破，单纯依靠市场支撑肯定是行不通的，因为西方国家为了保持对技术溢价的长期垄断，千方百计地阻止其关键核心技术的外流。基于新中国社会主义建设的历史经验，特别是建设中国特色自主创新道路的要求，我们需要在社会主义市场经济条件下，构建关键技术和核心技术攻关的新型举国体制。这种举国体制要求集中全国的创新要素，集体攻关，这个过程需要政府更好地发挥组织协调的作用。显然，社会主义基本经济制度为政府作用的发挥提供了物质基础和制度保障，这是中国特色社会主义独特的制度优势。而社会主义公有制的主体地位也表明，我国在攻关关键技术和核心技术的过程中，既要弘扬科学精神和工匠精神，又要强调奉献精神。

第 8 章　创新驱动发展战略的精神现象逻辑

按照马克思主义唯物史观，“人们在自己生活的社会生产中发生一定的、必然的、不以他们的意志为转移的关系，即同他们的物质生产力的一定发展阶段相适合的生产关系。这些生产关系的总和构成社会的经济结构，即有法律的和政治的上层建筑竖立其上并有一定的社会意识形式与之相适应的现实基础”。[①] 创新驱动发展战略作为经济基础的构件之一，同样存在与之相适应的社会意识。基于马克思主义认识论，精神（社会意识的同义语）作为一种思想形式，不仅是物质的直观反映，它会驱动智慧运思经由社会实践，反作用于物质，从而对物质有着能动的反作用。正如毛泽东同志所说：“一个正确的认识，往往需要经过由物质到精神，由精神到物质，即由实践到认识，由认识到实践这样多次的反复，才能够完成。”[②] 同理，我们要正确认识创新驱动发展战略，必须在紧密联系我国基本经济制度基础上，从精神现象层面重新诠释创新驱动发展战略。

---

① 马克思恩格斯选集（第 2 卷）[M]. 北京：人民出版社，1972：82.
② 毛泽东文集（第 8 卷）[M]. 北京：人民出版社，1999：321.

第1节 企业家精神与群众首创精神

作为创新驱动发展战略的内核，科技创新成为推动国家发展的新引擎，而企业才是科技创新的真正主体。企业家是企业的掌舵人，企业家的精神特质在很大程度上决定着企业的前途命运。然而，在日常生活中，企业家一般被混淆于资本家，这就涉及如何正确界定这两个范畴。事实上，这两个范畴既有联系，又有区别，一般说来，资本家不一定是企业家，企业家一般都是资本家，但企业家又不同于一般资本家，因为他们有着非常不同的精神特质。正如资本家是资本的人格化，企业家则是企业的人格化，资本家的精神特质和企业家精神特质的差异是由资本和企业的内在规定性所决定。随着机器化大生产的深入发展，资本受制于平均利润率规律，只能按照自己资本规模获取平均利润，此时的资本家的精神特质表现为因循常规、求稳惧变；与之相对，企业存在目的不是为了追求平均利润，而是为了追求超额利润，而数字资本为其提供了技术支撑，企业家把创业和创新当作内在精神追求，其精神特质表现为不循常规、求变求新。

企业家的精神特质集中体现为企业家精神，熊彼特最早对企业家精神进行了阐述，他认为企业家精神主要体现为企业家的创新精神，企业家通过资源重组使产品不断推陈出新，从而形成连续不断的创造性毁灭过程，致使市场经济活力不断。在此基础上，彼得·德鲁克进一步界定了企业家精神的范畴属性，“对经济学家来说，企业家精神是超经济的事物，它深刻地影响、引导着经济，但它本身不属于经济范畴。因为它涉及价值观、认知和处世态度等观念”。[①] 可见，企业家精神是企业家这个特殊群体所拥有的独特的个人素质、思维模式以及价值取向的抽象表达，其中内蕴了企业家的非理性和超经济的精神现象逻辑结构。企业家精神就是以创新为依归，最终目的是藉创新进行创业，这就意味着，创新和创业分别是企业家精神的主要表现形式和目的所在。相应地，在企业家精神的统率下，创新和创业才能水乳交融地发挥最大效用。围绕创新和创业，企业家精神至少应包涵的精神特质有：创新与冒险、敏感与果决、合作与担当、创业与敬业、学习与进取、执着与诚信等。

与企业家精神相对的是人民群众首创精神，如果说企业家精神的特质是“顶天”的，那么，人民群众首创精神就是“立地”的（或者说接地气），这是由其主体在经济组织中的地位决定的。企业家作为经济组织的领导者或管理者，主要以创新和创业为其事业追求，从事全局性、长远性及范式转变意义上的创新与创业，从这个意义说，创业是专属于企业家的。而人民群众作为经济组织的被领导者或被管理者，主要是追求本职工作精益求精，从事被动的、局部性工种或工序（以企业为例）。两相比较可知，企业家精神使得其主体的思维超前于一般社会思维，且对市场信号异常敏感并有很强的决断力，对待认定的事情就韧性十足且百折不回；由于在市场经济中隶属关系不同，一般而言，群众在生产过程中时刻听从组织命令、遵从操作规程，他们不承担市场风险，只能获得劳动力意义上的固定收入，这也决定了他们的创新主要是立足于本职工作的局部创新及渐进创新。由此可见，人民群众首创精神不同于企业家精神的精英路线特质，这种精神根植于最广大人民群众的社会实践活动中，实质是一种社会化思维。

---

① 杨丽．有“员工精神”的管理者与有“企业家精神”的员工之冲突及管理［J］．领导科学，2016（20）：52－54.

下面我们从精神主体及历史内涵来探讨群众首创精神。从历史演进轨迹的意义来看，人民群众是波澜壮阔的社会实践的真正主体，他们不但创造了日益丰富的人类物质财富，而且创造了光辉灿烂的人类精神财富，他们更是生产方式和社会形态变革的最终决定力量，所以，人民群众创造和推动了历史前进，他们体现了历史规律及其发展趋势。作为社会实践的主体，人民群众始终奋斗在各行各业的第一线，不断深入的社会实践赋予他们直接的创新智慧，进而通过他们的共同行动推动这个世界的改变，这进一步说明，人民群众的历史创造力来自于指导社会实践的群众首创精神。然而，群众首创精神在不同社会形态下表现不尽相同：在私有制社会中，由于经济利益的对抗性，这种精神表现为趋利性和斗争性，“阶级的斗争和它们的利益冲突是现代历史的动力”①；而在社会主义公有制中，人民群众积极投身于社会主义经济建设，因而，群众首创精神表现出主动进取精神、刻苦钻研精神和无私奉献精神等。

一味抬高企业家精神，并把企业家精神和群众首创精神对立起来，这是唯心史观的典型表现。事实上，我们不能人为地割裂企业家精神与群众首创精神的内在联系，他们两者应该是海水与浪花的关系，是辩证统一的关系。成功的企业家善于激发、发现和甄选广大员工的思想火花，进而对其进行系统化并从上至下推广开来，这种系统化的群众首创精神就型构为企业家精神，由此可见，群众首创精神是企业家精神的源泉。进而，作为群众精神的升华，企业家精神正确与否以及发挥多大作用，最终还依赖于群众的理解，正所谓“理论一经掌握群众，也会变成物质力量。”②

在创新驱动发展战略实施过程中，我们必须坚持自下而上与自上而

① 马克思恩格斯文集（第4卷）[M]. 北京：人民出版社，2009：304.

② 马克思恩格斯选集（第1卷）[M]. 北京：人民出版社，2012：9-10.

下相结合的原则，将群众首创精神与企业家精神融为一体。一方面，实施创新驱动发展战略，必须在全社会弘扬创新文化，厚植创新沃土，在创新驱动发展战略过程中把亿万群众首创精神激发出来、释放出来。另一方面，创新驱动发展战略是一项伟大的系统工程，特别是在中国特色社会主义新时代，各种经济利益矛盾冲突和纠葛日益增多，这就需要有企业家有大局意识和战略眼光，也即需要企业家精神。没有创业家精神就不能科学指导人民群众的实付实践，没有群众首创精神也无法实现企业家制定的目标。因此，只有尊重人民群众的首创精神，鼓励他们不断探索和创新，才能不断为企业家精神积累经验，提供脚本，以有效弥补企业家精神不接地气之弊。反过来，企业家精神又能在更高层面为群众首创精神的实践提供更广阔的舞台。创业创新既是经济权利，也是政治权利，社会主义基本经济制度为协同群众首创精神和企业家精神确立了他们根本利益的一致，从而为各行各业的劳动群众和企业家的创新事业开辟了新天地。

第 2 节　创意思维与工匠思维

毫无疑问，科技创新驱动经济发展，其中科技创新须以科技人才为依托，如“创客”和“极客”等。这些创意人才通常具有强烈的问题导向意识，从来不为陈规旧俗所羁绊，他们身上蕴藏着的创意精神使他们不断打破常规，另辟蹊径解决问题，他们通常热衷于投身极具挑战性的创意产业。这种创意精神对于创新驱动发展战略至关重要。由于现代科学主义迅猛发展，学科门类越分越细，然而，“太阳底下无新鲜事”，科技创新很大程度上都是那些旧事物的构成要素重新塑型，生成“新事物”，此谓“新瓶装旧酒”。将日益细分的知识重新整合，就需要具备直觉、顿悟、灵感、联想以及发散性思维等能力，这些能力通常为艺术人文学科专业的内在素养，因此，伟大的科学家通常具备跨学科知识背景，因而他们具备宽阔视野和非凡眼界，从而能够将抽象思维、逻辑推理和形象思维、艺术思维、直觉感受高度融合。正如爱因斯坦所说：“物理给我知识，艺术给我想象力，知识是有限的，而艺术所开拓的想象力是无限的。”①

如前所述，创意精神须具备多学科知识背景。为培养有创意精神的科技人才，我们必须树立大科学的观念，既要注重自然科学知识的传授，也要注重艺术人文知识的培养，这样才能为创新驱动经济发展战略准备好创意不断的人才梯队。诺贝尔物理学奖得主李政道曾说：“追求科学与艺术、科技与人文之间的关联和均衡，是人的创造力的本能。如何将青年学生的这种潜在的本能发掘出来，是现代大学的重要任务……实现科学与艺术、科技与人文的完美结合，是现代大学成功的重要标志，也是培养能适应新世纪发展需要之人才的希望所在。”② 这里需要指出的是，培养创意精神并非天马行空、无根无据的，它一方面要突破形式逻辑的窠臼，因为形式逻辑与创意精神是不相容的；另一方面又要运用辩证法思想，这种思想的“优点就恰恰在于我们不想教条式地预料未来，而只是希望在批判旧世界中发现新世界。”③ 由此可见，灵活运用否定辩证思想对于塑造创意精神至关重要，正如马克思指出，“黑格尔的《现象学》及其最后成果——辩证法，作为推动原则和创造原则的否定性——的伟大之处首先在于，黑格尔把人的自我产生看作一个

① 杨叔子．绿色教育：科学教育与人文教育的交融［J］．教育研究，2002（11）：12－16.

② 科技与人文的结合是现代大学成功的标志［J］．中国大学教学，2002（6）：10.

③ 马克思恩格斯全集（第1卷）［M］．北京：人民出版社，1956：416.

过程，把对象化看作非对象化，看作外化和这种外化的扬弃”。[①]

创新驱动发展战略既需要不循常规的创意精神，也需要精益求精的工匠精神。这种工匠精神，简单说来就是“朝于斯，夕于斯；如切如磋，如琢如磨”的精神追求；具体而言，工匠精神是指那些喜欢对其所从事的业务（诸如某项工作、某个岗位、某种技术等）精雕细琢、精益求精的从业人员，他们痴迷于对其做事方式追求极致的内在精神理念。工匠精神一般认为涵盖以下四个方面内容：首先是精益求精的精神，工匠们为追求产品完美，对其花费时间精力在所不惜，久久为功以使其产品品质不断提高，以臻于至善。其次是严谨认真的精神，所谓“天下大事，必作于细”，工匠们对细节高标准严要求，他们会把事情做实、做细，从不敷衍了事。再次是专注执着精神，工匠们执拗地坚持专业性和精品路线，把自己的全部精力凝聚到自己认定的目标，长久地甚至一生都专注于自己所认定的事业，无怨无悔，永不言弃，不达目的誓不罢休。最后是敬业精神，工匠们基于对职业的敬畏和热爱，认认真真、尽职尽责，近乎虔诚地对待本职工作。

由上述可知，与以灵感、顿悟等跳跃性思维为特质的创意精神相对，工匠精神更偏重于执着、专注等渐进性思维品质，两种精神差异较大。粗略说来，创意精神总是将跨度很大的不同领域通过发散性思维联系起来，因而强调思维跳跃，而工匠精神只在同一领域内通过凝神聚力不断拓展其边界，因而要求思维笃定；创意精神由于与发散性思维相联系，因而要以多学科知识背景作为支撑，而工匠精神是与专注精神联系在一起，内在追求“一生专注做一件事”；创意精神是以问题为导向的，一般是为了解决经营中的困境，而工匠精神则是以品质为导向的，多半是为了解决生产中的质量问题；创意精神的运用主体更多的是企业

---

① 马克思恩格斯全集（第 3 卷）［M］. 北京：人民出版社，2002：319.

家和科学家等群体，而工匠精神的运用主体多半是技工人员和技术专家等群体。这些区别也就使得工匠精神的塑造不同于创意精神的塑造，因为工匠师傅们不仅传授产品构思、技能技巧，也要传递专注、执着和严谨等精神，这种精神只可意会，不可言传，难以在代际之间积累传递。因此，工匠精神只能在长期的共同生产生活实践中，师徒们之间形成融洽的情感交流，进而通过言传身教和耳濡目染等潜移默化的方式进行传承。

日常观点认为，创意精神与工匠精神是彼此独立的两种精神，它们之间没有内在联系，其实这是一种误解。实质上，这两种精神也是对立统一的关系，工匠精神之中孕育着创意精神，创意精神也折射出工匠精神，更具体地说，工匠精神生成为创意精神，事实上，工匠精神和创意精神的有机统一关系特别明显地表现在“巧”与“拙”的统一中。例如，熟能生巧，慢工出巧匠，诸多匪夷所思的产品或设计，都是经过长期勤思苦练，日积月累，通过这种笨功夫，即时间在量上不断积累，到达一定的程度，量变到质变，突然出现顿悟，发生质的飞跃，所谓“功到自然成”。因此，真正的“大巧”必定是建立在笨功夫的基础上，初看起来很笨拙，最终，这种笨功夫往往是通往奇巧的捷径。相反，那些试图走捷径的人，喜欢偷奸耍滑，最后往往弄巧成拙，终归失败。这就揭示了工匠精神生成创意精神的内在机理：只有功夫下得深，技艺就会日益纯熟，情志才得以磨砺，技艺的门道和规律才能熟稔于心，才有可能匠心独运，最终体悟到奇巧。

然而，无论是进行创意劳动，还是进行工匠劳动，都属脑力劳动范畴，而脑力劳动必须有钱有闲，即经济基础和自由时间缺一不可，毕竟，自由人比经济奴隶更有创造力。在资本主义制度下，广大雇佣工人都处于经济奴隶地位，他们“只管干活不玩耍，头脑迟钝人变傻”，脑力劳动为极少数的资本家所垄断，广大劳动人民只是资本主义生产体系的附属物，他们天天为生计忙碌，压根没有多少自由时间从事脑力劳动。到了未来共产主义社会，生产力极度发达，物质财富已经极大丰富，这时，人们不再像奴隶般一样服从生产劳动，而是能够按照最有利于人的全面发展的方式去从事劳动，劳动也不再是苦役，而成为人的第一需要。我国当前尚处于社会主义初级阶段，以公有制为主体、多种所有制经济共同发展，按劳分配为主体，多种分配方式并存，社会主义市场经济体制构成我国现阶段的基本经济制度。毫无疑问，现阶段基本经济制度为创新精神和工匠精神的塑造夯实了经济基础，而在创新驱动发展战略实施过程中，创新精神和工匠精神也有助于强化我国经济发展的品质和活力。

第 3 节　利己主义与利他主义

创新驱动发展战略升华的第三对精神就是利己精神与利他精神。在中国特色社会主义市场经济中，市场在资源配置中起决定性作用，而市场运行主要是由利己精神驱动的。利己精神都信奉利己是人的天性，都将个人利益看作高于一切的行为准则和生活态度，个人利益至上反映在行为上就是一切都以个人利益为出发点。然而，基于对个人利益与公共利益关系的理解不同，利己精神又分为消极利己精神和积极利己精神。就前者来说，消极利己精神认为个人利益和公共利益是根本对立且不可调和的，道德仅作为手段存在，在作为终极目标的“个人利益”面前，公共利益没有容身之所，它只有手段存在的意义，突出表现为“人不为己，天诛地灭”，甚至完全漠视公共利益和社会责任，如损人利己、损公肥私。消极利己精神的关键在于，利己和肥私是以他人或公共利益受损为代价的，因此，消极利己精神又表现为精致利己主义、纯粹利己主义，或极端利己主义等。这类思想家有主张“拔一毛利天下而不为”的杨朱、主张“自家扫取门前雪，莫管他人瓦上霜”的陈元靓，主张“人是利己主义的动物，无关道德”的霍布斯和爱尔维修，主张“自私和纵欲”的孟德维尔等，一般说来，消极利己精神在资产阶级思想启蒙运动中曾经发挥过历史进步作用。

毫无疑问，创新驱动发展战略指向的不是消极利己精神，它应以积极利己精神为遵循。积极利己精神虽然也将利己作为依归，但它认为利己可以不损人，甚至认为利己会引致利人的结局，即在实现利己的过程中同时实现了利他。其基本逻辑如下：在社会经济活动中，每一个理性人（或说经济人）都基于利己主义的本性行事，在此基础上，仔细盘算，权衡利弊得失，根据个人利益最大化原则做出最理性选择。在此过程中，每人初衷都只关心自己个人利益，未曾预料到，个人自利行为却带来了社会效率（或公共利益）的最大化。正如斯密所说，“他所盘算的也只是他自己的利益。在这场合，像在其他许多场合一样，他受着一只看不见的手的指导，去尽力达到一个并非他本意想要达到的目的……他追求自己的利益，往往使他能比在真正出于本意的情况下更有效地促进社会的利益。”[①] 由此表明，“看不见的手”引导追求个人利益最大化的经济人实现了全社会的繁荣进步，从而沟通了个人利益与公共利益，造成利己即利他的客观结果。积极利己精神适应了上升期资本主义发展需要，对我国现阶段经济发展有借鉴意义。

与利己精神相对，利他精神也是实施创新驱动发展战略所必不可少的。所谓利他精神实质是一种奉献精神，其本义是行为主体在为人处事

---

① 亚当·斯密．国民财富的性质和原因研究（下卷）[M]．北京：商务印书馆，1983：27.

方面，总是将他人利益或公共利益看得高于个人利益，因而，为了他人利益或公共利益，很少考虑个人得失，甚至牺牲个人利益亦在所不惜，因而表现为奉献精神。利他精神一方面通过具象化，外化为主体的利他行为，另一方面通过抽象化，内化为主体精神实现的自我升华。可见，行为主体并不是消极地看待他的付出或牺牲，相反地，他能从这种利他行为中获得更高的价值实现。作为人类精神的自律，利他精神以公共利益为依归，因而具有很强的道德属性。事实上，利他精神与社会制度密切相关，如果说这种精神在资本主义制度下比较罕见，但在社会主义情境中，利他精神得到了大力弘扬，诸如："扶危济困""救死扶伤""助人为乐""见义勇为""公而忘私""克己奉公""舍己为人""毫不利己，专门利人""厚德载物""仁义博爱"等，不胜枚举，这些生活中耳熟能详的词语便是利他精神的最好体现。

按照动机不同，利他精神也分为两种：一种是不附带任何条件的利他精神，通常称之为"无私利他精神"，或称之为"纯粹利他精神"。这种利他精神以无私为前提，颂扬个人的利他行为，并将之上升到善与恶的道德层面，但这容易引起道德悖论，即在道德实践中极度压抑个人合理的利益要求，致使利他精神畸变为禁欲主义。由此表明，无私利他精神是利他精神中的极端。基于宣化需要，无条件的利他精神只能存在于道德领域，现实中是不可能存在的。另一种是带有一定条件的利他精神，通常称之为"互惠利他精神"，或称之为"为己利他精神"。这种利他精神以"为己"为目的，通过"利他"行为并实际产生了"利他"的结果。在为己利他精神中，由于"为己"与"利他"被置于同等重要的地位，因此，主体的精神世界就涵容了利他之心，也凸显了主体精神的道德品性。社会上很多成功企业所倡导的"成人达己"的核心价值观，就是为己利他精神的具体体现，因此，这种利他精神是系统共赢的基础。

综上所述，无论是利己精神还是利他精神，都是从抽象的人性或本能出发，构建他们的逻辑体系，从而形成两种对立的伦理体系。然而，落实到具体的社会组织行为中，纯粹的利己行为和纯粹的利他行为都是难以持续的。事实上，利己精神与利他精神是相互补充、相互促进的，它们具有内在的一致性。在市场经济条件下，如果个人仅具有纯粹的利己精神，或是纯粹的利他精神，都将“损不足以奉有余”，两极分化，这种循环体系难以形成，即使形成也难以持续，这将使任何社会经济组织难以存续下去。现实中的人，首先作为自然人，他不利己则根本没有生存下去的可能，然而，现实的人又是社会人，或者说是社会关系的“扭结”，任何人需要的满足都要依赖于他人或社会，如果没有利他精神，则任何社会组织都将解体。如此看来，人的利己精神是第一性的，利他精神是第二性的，或者说，现实的人既有利己的属性，又有利他的属性。正如“成人达己，成己为人”所表明的，利己精神与利他精神是有机统一的，正是它们不断推动人类社会的进步。

在中国特色社会主义市场经济中，一方面强调使市场在资源配置中起决定性作用，另一方面也突出要更好发挥政府作用，这里就蕴含了利己主义和利他主义的关系。如果说利己精神是市场的本质意识，那么，利他精神就是社会主义政府的本质意识。然而，基于内蕴利己精神的经济人的假说基础上构建起来的西方主流经济学，却不适合指导创新驱动发展战略。因为利己主义会使每个人都机会主义行事，考虑到社会关系的庞杂，这些关系不可能完全被经济人的各种合约或协议所规范，这种合约或协议的不完备性就会使整个社会系统的有效性处于不断衰减过程中。事实上，单纯以经济人为内核的西方主流经济学的一般均衡意味着不断下降的平均利润，而创新则意味着创造性破坏过程，意味着不断产生超额利润，所以说，一般均衡框架难以容纳（或解释）创新思想。从这个意义上说，创新驱动发展战略中的利己主义还需要利他主义进行匡正。事实上，党的十八届三中全会以后，推进国家治理体系和治理能力现代化就表明国家日益重视公共利益的引导，因此，创新驱动发展战略的推进也要兼顾利己精神和利他精神，由此说明，创新驱动发展战略能以西方主流经济学为指导，只能以中国特色社会主义政治经济学为指导。

第 4 节　内卷意识与外卷意识

除了上述三对精神范畴以外，还有一对范畴与创新驱动发展战略密切相关，这就是内卷意识和外卷意识。所谓内卷意识，通常指特定社会发展一定阶段便趋于定型，社会陷入停滞徘徊的状态，难以向更高级发展模式顺畅跃进的无意识情形。由于社会生产无法满足人们日益增加的需求，于是，每个人都加大投入，试图为自己在这些有限的社会生产中争取更大的份额，这种过度竞争使社会内耗空转，终致“无发展的增长”。其实质就是“没有发展、不断重复的简单再生产”，社会出现固化。而今，内卷化不断破壁出圈，被广泛应用于各行各业，所谓“人人皆可卷，万物皆可卷”。凡是社会生活中涉及内部竞争和内部消耗，投入上越来越密集的，没有带来发展或创造等质变的事物，都可纳入内卷化的范畴。内卷化源起于西方社会学家对东南亚小农生产方式的特征把握，这种小农生产方式处于较高水平的发展阶段，我们日常所说的内卷化主要表现出低水平重复的特征，两者存在很大的差异。本书所述内卷化主要是就其原本含义而言的，即社会生产力较高，且人们安于这种发展现状，只在旧生产方式上进行精细化生产。

原本的内卷化（如无特别指明，以下简称内卷化）指向既不同于日常的内卷化，也不同于贫困陷阱、中等收入陷阱。它有以下三个方面特征：首先，内卷化对应的是一个前资本主义社会较高发展水平，而不是低水平重复，如果社会没有一个较高发展水平，那么，越来越密集的投入便是无源之水；内卷化不但能使生产“稳定地维持”，甚至会在产出增长过程中引起某些发展，然而，发展程度终究有限。其次，内卷化指向的是生产内部精细化过程（以农业为例），而非劳动边际生产率的下降趋势，因此，生产内部的精耕细作使劳动者终身择一业（主体是农业），无法拓展产业分工体系；反过来，这种内卷化也带来以人身为依恃的技艺的精进，即内求于心。最后，内卷化强调的是社会历史嵌入，它主要针对商品经济崛起以前的小农经济生产方式及其语境，经济理性并非该生产方式所强求的，相反，人们在该生产方式下通过分享、分担来维系共同体生活才是第一位的，因此，生产所承载的社会声誉地位及共同体认同更显重要。正是内卷化的状态、技术导向以及意识形态，使得小农经济生产方式陷入了内卷，而没有发生进化。

与内卷意识相对立，外卷意识也是创新驱动发展战略的精神逻辑之一。所谓外卷意识，通常指特定社会在其发展进程中有意识地从外部纳入新因素，使原系统发生技术—经济范式革命，藉此突破系统演进的瓶颈，从而不断向更高级发展模式顺畅跃进的现象。由于有外部要素不断被纳入，系统规模和结构呈现出扩张和深化之势，社会生产的品质和数量也随之提高，所谓大河有水小河满，每个组织成员都能从生产系统转型中受益，发展带来的适度有序竞争使整体经济呈现勃勃生机。而人们多从直观形式上看待外卷化，认为外卷化就是从外部获取资源做大蛋糕，这些外部资源包括资源（狭义）、市场、知识、人力资源、技术、管理、品牌效应等。由于仅从量上来看待内卷化，而上述外部资源总是会枯竭耗尽的，因此得出结论：外卷难以持续，到蛋糕无法继续做大时，外卷状态又会转向内卷状态。事实上，外卷化是商品经济高度发展的产物，如其定义所述，外卷化既包括量的扩张，也包括新结构的生成，从系统生成意义上来讲，外卷化是不可能终止的。

学理意义上的外卷化应有以下一些特征：首先，外卷化源起于资本主义时期，大航海时代以来，新兴资产阶级通过殖民贸易，疯狂掠夺外围地区的各类资源，作为中心地区的西欧获取了巨额的金银财富，同时又通过低廉的商品价格开拓了海外市场，“不断扩大产品销路的需要，驱使资产阶级奔走于全球各地。它必须到处安家落户，到处开发，到处建立联系。”① 其次，如果说内卷化是内求于心，依恃人身精进技艺，外卷化则是外逐于形的，它的强大力量是依恃于蕴涵着理性的外在物及分工，正如黑格尔所说，“理性何等强大，就何等狡猾，理性的狡猾总是在于它的间接活动，这种间接活动让对象按照它们本身的性质互相影响、互相作用，它自己并不直接参与这个过程，而只是实现自己的目的。”② 最后，由于技术——经济范式转变对意识造成巨大冲击，伴随外卷化的就是无止境的欲望，其手段就是不断向外驰求，甚至是对外围进行剥夺性积累，而噬血成长也就成为资本原始积累的第一推动力；由此，外卷化的视野使他们不断冲出围城，进而奠定了西方生产方式变革的基础，特别是工业革命。

毫无疑问，内卷化是前资本主义生产方式的产物，而外卷化则是源起于资本主义生产方式，然而，两者并不是根本对立的，在一定条件下，两者之间能够互相转化。如前所述，内卷内求于心，外卷外逐于形，概念上，“心”“形”两者可以相互分离，而在现实运动中，它们是须臾不可分离的。事实上，外卷方式下，社会生产日新月异，物质将

---

① 共产党宣言（纪念版）［M］．北京：人民出版社，2018：31.

② 马克思．资本论第一卷［M］．北京：人民出版社，2004：209.

会越来越丰裕，而社会也将会迷失在无尽的物欲中，人役于物使人身越来越被旁置，人的社会存在日益丧失意义，这种情形还会对外在自然造成难以弥补的伤害；而内卷下，社会将趋于封闭自守，一成不变，人们将会耽空守寂、安贫乐道，甚至发展为非人道的禁欲主义。内卷化能为外卷化提供最基本的要素，即精耕细作的土地和熟练且充裕的劳动力，从而为外卷化提供了一块丰腴的处女地，一旦条件具备，内卷化就能转化为外卷化；外卷化给内卷化提供更高水平的平台，在既定的技术——经济范式下，外卷化会遭遇到外部要素的短缺、耗尽或不经济，外卷化进程难以继续推进，这时，外卷化就会转化为更高水平的内卷化。

中国特色社会主义经济建设进入了新时代，高速增长阶段转向高质量发展阶段已经成为新时代经济的基本特征。这种转向源于旧生产方式已经难以为继，先前通过不断拓展外部市场的外卷化方式造成经济长期高速增长，中国成为世界工厂。然而，伴随高速增长而来的是国内资源枯竭、环境污染以及各种社会问题丛生。新时代中国经济高质量发展既要向外驰求，更要返本开新，为此，2020 年 7 月 30 日的中央政治局会议上提出，“加快形成以国内大循环为主体、国内国际双循环相互促进的新发展格局”[①]，双循环的提出很好地诠释了内卷化与外卷化的内在统一关系。首先，创新驱动发展战略与供给侧结构性改革型构为主体地位的国内大循环，因而体现了内卷化的要求；其次，以创新驱动发展战略为依托的供给侧结构与“一带一路”倡议型构为国际循环，这就体现了外卷化的要求。作为高质量发展的抓手，创新驱动发展战略始终以人民为中心，坚持物的发展与人的发展相统一，全面统筹外卷化发展和内卷化发展，因而能够大力推进以双循环为内核的新发展格局。

① 习近平. 在企业家座谈会上的讲话［M］. 北京：人民出版社，2020：9.

第四篇

创新驱动发展战略的三大路向

作为支撑我国供给侧结构性改革和“一带一路”倡议的物质技术基础，科技创新对于中国经济战略转型意义极为重大。尤其在建设习近平新时代中国特色社会主义的历史征程中，正确诠释科技创新的发展路向，有助于顺利推进中国经济发展的新旧动能转换和结构转型升级。作为历史范畴的科技创新主体、主权和主导，内在地契合马克思主义总体性思想，成为我国科技创新发展路向的本根性规定。它们具体表现为：首先，就创新主体而言，纯粹意义上的精英创新和群众创新的经济基础并不相同，前者实质是一种建立在经济利益对抗基础上的小众创新，后者则是建立在根本利益一致基础上的，而社会主义初级阶段经济基础的变化，即公有制经济和非公有制经济的辩证发展，事实上是我国精英创新转向群众创新的内在依据。其次，就创新主权而言，拥有国际前沿尖端科技是确保创新主权的前提基础。而垄断这些科技则是西方霸权的物质技术基础。改革开放以来我国技术经济发展战略变化，我国科学技术由先前的他主创新，逐渐转向新时代的自主创新。最后，就创新主导而言，伴随着工业现代化进程的推进，谁来主导至关重要。在改革开放的不同阶段，工业现代化的任务也不相同，它们内在要求政府与市场相互协调。因此，政府与市场关系的矛盾运动造就了市场创新转向政府创新。在新时代情境中，科技创新正确航向的锚定，既是坚持走中国特色自主创新道路的内在要求，更是“加快建设创新型国家”最为重要的工作前提。

第9章　科技创新中主体转向

迄今为止，2008年国际金融危机的影响并未消逝，世界经济复苏步履蹒跚。相应地，外部市场萎缩使得我国经济也面临着巨大的下行压力。党中央、国务院通过准确研判，认为我国经济发展进入新常态，先前的粗放型经济增长方式难以为继，应该及时转换经济发展动能。为此，党中央、国务院审时度势，及时调整我国对内对外经济发展战略，对内推出供给侧结构性改革，对外提出“一带一路”倡议。然而，上述两大战略的实现需要依靠创新驱动，而创新驱动的关键就在于科技创新。党的十八大报告强调“要实施创新驱动发展战略，强调科技创新是提高社会生产力和综合国力的战略支撑，必须摆在国家发展全局的核心位置。”①

以习近平同志为核心的党中央未雨绸缪，不断加大对科技创新的支持力度，“2016年，全社会R&D（研究与试验发展）经费支出达到15500亿元，占GDP比重为2.1%”②，而2000年该指标仅为1%③。由于党中央、国务院应对措施得力，政策效果明显，“党的十八大以来，我国在实施创新驱动发展战略上取得了显著成就，科技进步对经济增长

---

① 十八大报告辅导读本［M］. 北京：人民出版社，2012：147.

② 十八大以来治国理政新成就（上册）［M］. 北京：人民出版社，2017：79.

③ 资料来源：http：//www. docin. com/p－1208731478. html.

的贡献率从2012年的52.2%提高到2016年的56.2%，有力推动产业转型升级。”① 尤为重要的是，“2016年，是我们国家科技事业和创新驱动发展战略实施具有里程碑意义的一年……这一年当中，党中央、国务院召开了科技创新大会、两院院士大会和中国科协第九次代表大会，颁布了《国家创新驱动发展战略纲要》”。② 该纲要全面部署了进一步推进创新驱动发展战略的指导方针，于是，创新文化在中国大地上不断激荡，全社会形成了重视创新、激励创新、支持创新的强烈氛围。党的十九大将创新驱动发展战略的地位提到了一个历史新高，党的十九大报告指出，“坚定实施……创新驱动发展战略……加快建设创新型国家。创新是引领发展的第一动力，是建设现代化经济体系的战略支撑。”③ 由此表明，创新驱动发展战略是一项重大而长期的历史任务，中国共产党将其摆在国家发展全局的核心位置，相应地，它进一步提高了作为创新驱动发展战略核心的科技创新的地位和意义。反过来，科技创新发展路向正确与否就事关创新驱动发展战略和创新型国家建设的成败。因此，在考察科技创新发展路向时，我们首先需要对创新主体的历史演变进行考察。

---

① 党的十九大报告辅导读本［M］. 北京：人民出版社，2017：204，170.

② 2017全国两会记者会实录［M］. 北京：人民出版社，2017：245.

③ 习近平. 决胜全面建成小康社会，夺取新时代中国特色社会主义伟大胜利——在中国共产党第十九次全国代表大会上的报告［M］. 北京：人民出版社，2017：31.

第1节　精英创新的一般前提和历史前提

“人才是创新的根基，创新实质上是人才驱动，谁拥有了一流创新人才，谁就拥有了科技创新的优势和主导权。”① 因此，谁来创新，或者说，科技创新的主体问题，是科技创新发展路向的一个重要问题。基于马克思主义唯物史观，人类社会形成以后，自然分工被社会分工所取代，社会生产力发展不断加速，剩余产品也就不断增多，在社会分工日益细化的基础上出现了私有制，致使阶级固化，这就使得脑力劳动和体力劳动由最初的混沌未开状态最终转向分离。于是，科技创新主体的出现乃至分异才有了现实可能性，由此可见，创新主体问题正是社会分工不断发展的必然结果。需要说明的是，由于经济基础差异，不同经济形态社会所涵容的科技创新主体也不相同。正如列宁所说，“过去的历史理论一般认为历史的创造者是帝王、将相、领袖，等等，总之，是特殊的人物，相反，马克思的历史唯物主义认为真正的历史创造者是劳动人民群众。”② 历史观的差异表现在科技创新主体上，就体现为两种性质的创新主体观——精英创新与群众创新。由于经济利益的对抗，私有制社会成员之间会形成不同的经济地位，那些处于垂直化社会关系体系顶层或依附于他们的少数知识精英有条件接受良好的学习和训练，相应地，这些精英也就垄断了科技创新，后者也就成为阶级剥削和压迫的手

① 中共中央文献研究室．习近平关于科技创新论述摘编［M］．北京：中央文献出版社，2016：122.

② 迪·努·艾地．论马克思主义［M］．北京：人民出版社，1962：45.

段，因此，精英创新诞生于脑体分工和私有制经济基础之上。相反，未来共产主义社会将消除社会成员之间经济利益的对抗，工农、城乡和脑体三大差别自然消灭，在新的物质技术基础上，自由人联合体的成员将各尽所能，随着社会物质财富的充分涌流，他们之间的社会关系将趋于扁平化，科技创新成为人类解放和发展的手段，因此，群众创新建立的经济基础是公有制。事实上，从分工的视角来看，精英创新的形成是一个自然历史过程。

按照马克思主义唯物史观，生产力是生产方式甚至是社会结构中最革命、最活跃的因素；然而，不同的社会结构（或社会形态）所能容纳的生产力发展速度和程度却是大不相同的。当人类祖先学会制作和利用石器用于生产和生活时，就意味着人类开始走出丛林，进入了漫长的原始社会。毫无疑问，以石器作为生产工具的原始社会，其社会生产力水平极其低下。离群索居的个人是不可能独自在大自然中生存的，因为“我们知道个人是微弱的，但是我们也知道整体就是力量”。① 为了维持共同体的存续，共同体的所有成员共同占有生产资料，共同参加劳动，平均分配劳动果实等。需要说明的是，这种早期劳动过程并不是毫无组织的，相反，共同体成员必须基于年龄和性别等差异，在劳动过程中进行简单协作。“这种自然分工增强了集体的力量，提高了原始社会的劳动生产率。”② 当然，建立在自然分工和简单协作基础上的集体力量，也仅仅能够勉强维持共同体的简单再生产。个中原因在于，原始社会整体劳动生产力低下，共同体基本生活资料的获取占用了全体成员的所有可支配时间，此时尚不具备必要劳动和剩余劳动两者分化的生产力基础。由于没有剩余产品，原始社会也就不可能形成建立在私有财产基础

---

① 马克思恩格斯全集（第1卷）[M]. 北京：人民出版社，1956：80.

② 宋涛. 政治经济学（上卷第1分册）[M]. 北京：人民出版社，1983：66.

上的对立阶级，这就意味着，在极其低下的生产力水平下，人类尚处于蒙昧和野蛮状态。在这种社会历史条件下，生产力极其缓慢的发展仅仅是个体直接生产经验的累积，这种情形局限了后者的传播范围和程度，而基于反思意识和能力的科技创新尚不存在社会基础，遑论精英创新。

"随着人类社会向野蛮时期中级阶段过渡，人类进入青铜器时代。"[①] 青铜器在生产、生活以及战争中的广泛应用，使社会生产力得到了极大的提高，于是，刀耕火种被锄耕所代替，后者又被犁耕所代替，驯养小型野生动物也成为专业性事务，至此，畜牧业开始同农业分离，原始社会的第一次社会大分工开始取代自然分工，原始社会行将解体。社会大分工使劳动生产率进一步提高，之后引起了以手工业同农业分离为主要内涵的第二次社会大分工，这时又孕育了工农差别以及城乡差别的萌芽，手工业独立出来催生了简单商品生产；商品生产的出现，内在地要求商品交换范围的扩大，于是，以商人阶层的出现为内涵的第三次社会大分工形成，这又埋下了脑力劳动与体力劳动分工差别的种子。三次社会大分工极大地促进了社会生产力的发展，剩余产品不断丰富，由此出现的私有制既标志着原始社会终结，也宣告了阶级社会的来临。

随着青铜器在人类劳动实践中的不断普及，作为第一个阶级社会的奴隶社会，内在地要求大规模使用奴隶的集体劳动，"千耦其耘"即为写照。这就使得劳动分工更加细化，劳动组织协调的需要引起语言文字的产生以及广泛应用，这标志着人类进入了文明时代。如何剥削奴隶劳动以及奴化他们思想成为奴隶主及其代言人等脑力劳动者的主要工作内容。随着铁器进入人类社会的生产实践，社会生产力水平进一步提高，以家庭劳动为主要内容的个体劳动成为可能，以等级秩序为主要特征的

① 汪宗田. 马克思主义制度经济理论研究［M］. 北京：人民出版社，2014：83.

封建社会开始出现，维护宗法伦理王权的合理性成为封建社会脑力劳动力的主要工作内容。应该说，在前资本主义的阶级社会中，人类尚处于自然经济形态，经济活动主要是满足直接生活需要，也即使用价值指向的；然而，所谓“劳心者治人，劳力者治于人”，这个阶段的脑力劳动更多活跃于政治领域或上层建筑中，但它们也为将来转向科技领域奠定了基础。因此，前资本主义阶级社会中的脑力劳动和体力劳动的分工，还是为精英创新提供了一般前提。

前资本主义社会中处于夹缝中的商品经济经过长期的历史发展，最终到达一个质变点，生产资料与直接生产者两相分离，致使劳动力成为商品，雇佣劳动制度意味着资本主义确立。在资本主义剩余价值规律作用下，科学技术不断被应用于资本主义大工业，日益成为强化资本力量的内在因素；反过来，“它（指大工业）使自然科学从属于资本，并使分工丧失了自己自然形成的性质的最后一点假象”。[①] 因此，大力发展科技也就成为一种自觉的社会性行为，藉此构筑的机器大工业确立了资本主义生产方式的统治地位，“商品生产按自己本身内在的规律越是发展成为资本主义生产，商品生产的所有权规律也就越是转变为资本主义的占有规律。”[②] 在资本主义生产方式下，工业化大生产使得卷入资本主义生产的部门越来越多，社会分工也越来越细，以致科学技术成为一个特殊职业，“可见，正是由于资本主义大工业的发展，才使科学实验从生产实践中独立出来成为必要和可能，使得从事脑力劳动的科学技术人员从工人中分离出来成为必要和可能，同时也使科学在物质生产活动中得到广泛应用”。[③] 因此，“资产阶级在它的不到一百年的阶级统治中

① 马克思恩格斯文集（第 1 卷）[M]. 北京：人民出版社，2009：566.
② 马克思恩格斯选集（第 2 卷）[M]. 北京：人民出版社，2012：266.
③ 刘贵访. 论社会生产力 [M]. 北京：人民出版社，1988：167.

所创造的生产力，比过去一切世代创造的全部生产力还要多，还要大”。[①] 社会生产力如此巨大的发展，需要雇佣工人具备相当的科学文化知识为支撑，然而，由于阶级利益的对抗，社会分工的精细化使雇佣工人的科技知识都是关于操作性的、片面化的，致使雇佣工人的劳动越来越单调乏味，他们日趋丧失主体的能动作用，越来越依附于资本主义生产体系。与之相反，后台科技才是科技创新的主要内涵，这就需要具备立足于抽象的概括能力，这种能力需要经过长时间的学习训练才能获得。由此可知，绝大多数从事科技创新的主体都属于有钱有闲的阶级或阶层，这些知识分子依附于资产阶级，属于典型的精英创新。因此，可以说，资本主义市场经济为精英创新提供了历史前提。

第 2 节 我国精英创新的历时逻辑

1978 年召开的党的十一届三中全会，标志着我国进入了改革开放历史新时期。随后我国对经济体制以及与之密切关联的行政体制进行了大刀阔斧的改革，对内改革和对外开放并举，相辅相成。那些束缚市场活力、与市场经济不相适应的体制机制不断被消除。特别是 2001 年，我国顺利加入了 WTO，按照 WTO 协议，我国必须与国际规则进一步接轨，更加开放国内外市场。我国市场化进程陡然提速，国际化程度急剧加深，这使中国特色社会主义市场经济体系更加完善。喷薄而出的市场活力加速了我国经济的迅猛发展，使得我国经济体量迅速扩张：2010

① 马克思．共产党宣言［M］．北京：人民出版社，2018：32.

年我国经济总量跃居世界第二位，此后与世界第一经济体的总量差距也在不断缩小。中国特色社会主义市场经济的蓬勃发展，特别是非公有制经济等多种经济成分共同发展，市场在资源配置中的作用不断被放大，它经历了从基础性作用上升到决定性作用的历程，作为第一生产力的科技创新对形成企业竞争优势乃至国家竞争优势都至关重要，由此可见，中国特色社会主义经济发展为我国精英创新的兴起创造了经济基础。事实上，在我国市场经济的长期发展历程中，我国对内改革和对外开放侧重点是有所不同的，科技管理的行政体制改革与经济体制改革的主攻方向也就各不相同。以加入 WTO 为分界线，我国市场化进程可以分为市场内化和市场外化两个阶段，市场内化阶段以对外开放为辅，改革推动开放；而市场外化阶段则以对内改革为辅，开放引领改革。其中市场内化阶段又可分为两个分阶段：市场广化阶段和市场深化阶段。在这两个不同阶段中，科技创新的性质、条件和目的存在很大的差异，科技创新与经济发展的关联程度强弱不等，这些差异总和分别构成了我国精英创新的早期逻辑、中期逻辑和晚期逻辑。

从改革开放至中国特色社会主义市场经济初步被确立为我国市场广化阶段。市场广化是市场内化的第一阶段，它以市场作用向社会经济全领域拓展为目标，旨在消除阻挠国内市场正常运行的传统行政管理体制机制障碍（或行政壁垒），启动和培育我国内部市场，直到形成一个统一的国内市场。在整个市场内化过程中，尽管我国经济体制改革不断推进，市场作用从无到有，从弱到强。然而，先前高度集中的计划经济影响仍广泛存在，双轨运行成为市场内化阶段的基本特征之一。毫无疑问，本阶段依然保留了较为浓厚的计划经济管理模式的痕迹，条块分割的垂直管理体系使得传统的科研管理体制具有较强的行政本位，科研机构重视行政级别，科研人员在乎干部身份，行政身份关系的重要性得以彰显，致使科研与社会经济相互脱节，各自形成自己的体系循环：科技研发系统和社会经济系统。受制于传统科技管理体制，这两个系统之间的经济关联性并不强，它们本身的发展都是在各自系统内部进行，科技创新游离于社会经济循环之外，这就形成了奇怪的双轨运行现象。由于脱离经济循环，科研系统的运行经费只能来源于财政拨款，相应地，科研任务也只能遵照上级单位指示，科技创新政绩导向明显：很多科技创新都是由政绩工程所驱动。总体上，由于科研活动与市场需求脱节严重，这种相互隔绝的状况极大地制约了科技创新及其成果的适用性，从而科研活动呈现出明显的自循环特征，致使“长期以来，中国研究开发的力量大多集中在科研院所，科技和经济脱节现象严重，科技成果转化率迟迟提不上来”。[①] 这种状况突出表现在本阶段低水平的科技成果转化率上，例如，“中国 1978 年以来，年均获得重要的科技成果达 1 万多项，1993 年和 1994 年分别为 3.3 万项和 2.9 万项，而科技成果的转化率仅在 30% 左右，科技进步在经济增长中的贡献额不足 30%”。[②] 由此可知，强力推进行政管理体制改革是市场内化阶段的主要任务，而科技研发系统的内循环也就构成了我国精英创新的早期逻辑。

从中国特色社会主义市场经济初步确立至加入 WTO 为我国市场深化阶段。市场广化的最终结果是社会主义市场经济体制的初步确立，市场在经济生活领域实现全覆盖，市场内化也由此进入了第二个阶段：市场深化阶段。该阶段就是在市场广化的基础上，不断丰富市场建设的内涵，提高市场在资源配置中起作用的程度，即市场在资源配置中起基础性的作用。毫无疑问，到了市场深化阶段，行政管理体制改革已经接近完成，先前的行政身份关系的残余对经济生活的影响逐渐被荡涤，相应地，商品货币或市场关系的作用在经济生活中不断得到贯彻。与之相

---

① 林轩．我国企业成为科技领域研究开发活动的主体［J］．石油化工设备，2004（4）：53.

② 孙小礼．科学技术与世纪之交的中国［M］．北京：人民出版社，1997：520.

反，先前的经济管理体制改革相对滞后，它们很大程度上被沿袭下来了，这在不断定型的出口导向经济发展模式上表现得特别明显，它改变了科技创新的行为模式。例如，国家为了支持某些出口产业发展，会通过一些经济措施变相支持它们的发展，如对某些特殊部门或行业赋予某种专营权，为出口企业提供优惠贷款、贴息、出口补贴和退税等，这些部门或行业就有能力大力引进国外直接投资，相应地带来国外技术输入，这些部门的相关企业就会通过自己的技术研发队伍对引进技术进行跟踪仿研，这种国产化模式能够大大降低企业生产成本。建基于技术模仿和技术引进基础上的全球价值链中的低端生产，最终形成一种两头在外的代工生产模式，这种模式造成了出口部门或行业的自然垄断，这种垄断能够给该部门或行业带来高额垄断利润，中国也变身为世界制造工厂。在这种跟踪仿研仿制的科研模式下，自主的基础研究由于缺乏市场比较优势，导致先前的科研系统自循环也被搁置了。因此，经济管理体制改革就成为本阶段的主要任务，通过技术引进进行跟踪仿研仿制成为我国精英创新的中期逻辑。

加入 WTO 后为我国市场外化阶段。2001 年底我国正式加入 WTO，我国进入市场外化阶段，这个阶段以对外开放为主，对内改革为辅，开放引领改革。本阶段致力于清理阻碍国内外市场一体化的法律法规，旨在贯彻自由市场原则，使我国内部市场顺利接轨国际外部市场。为了与国际市场接轨，按照 WTO 的非歧视原则、最惠国待遇、国民待遇、贸易互惠原则、关税减让原则、公平贸易原则、贸易政策透明原则等，我国需要大规模地清理不合上述原则的法律法规和经贸政策等，让市场在资源配置中真正起决定性作用。这极大地限制了由于过去法规政策的保护作用，局限于国际价值链中低端生产的跟踪仿研仿制已经难以保证企业获得平均利润。另外，随着改革开放以来我国市场化程度日益提高，我国经济长期保持高速增长，国民收入水平大幅增加，这就使得我国居民消费需求不断升级，有些消费领域达到甚至引领了国际先进水平，这意味着在全球市场中，我国市场地位越来越重要。而不断壮大的国内市场以及不断提高的消费水平引起了大量西方跨国公司的强烈投资意愿，它们纷纷在中国设立研发中心，带来了很多最新的科学技术，这就进一步加剧了国内市场的竞争。面对新的国际市场竞争形势，民族企业若想做大做强，必须拥有国际视野以及自己的核心技术，看齐甚至引领前沿科技，形成科技的自主自足，进而摆脱技术依赖和锁定，而且要杜绝科技与生产两张皮现象，真正使科技贴近生产，重塑科技创新的生态系统，这也意味着我国经济必须从比较优势转向竞争优势。事实上，在市场外化过程中，我国涌现了以华为、大疆等为代表的大批科技创新型企业，它们在国内外市场竞争中砥砺琢磨、发展壮大，一大批精英型科技创新人才脱颖而出。因此，统一国际规则就成为本阶段的主要任务，自主科技创新成为我国精英创新的晚期逻辑。

第 3 节　群众创新转向的高教之路

至此，我们已经较为详细地探讨了在社会生产不断发展的基础上精英创新的形成与发展，很明显，这种分析还仅仅限于论述科研与生产的直接关系。这种联系还应辅之以教育（特别是高等教育）这个中介进行完善。高等教育之所以必要，关键在于其对象之于社会化大生产，无论是基于科研梯队建设的需要，还是充实生产一线的需要，都有着日益重要的作用。由此说明，产学研必须紧密结合，才能真正推动社会经济发展。而按照马克思主义唯物史观，成熟的社会主义需要建立在基于科技高度发达的社会化大生产物质技术基础上，“社会主义是大机器工业的产物”[①]，这就要求社会成员具备相当丰富的科学文化知识，人口的质量比数量更重要。十月革命前夕，俄国的国民文化水平极度低下，文盲众多，“俄国成年居民有75%以上既不能读书，也不能写字。城市工人40%以上是文盲，农村文盲占80%。”[②] 这种窘境给新生的苏维埃政权建设社会主义造成了巨大障碍，很多人对此却不以为然。为此，列宁同志深刻指出：“在一个文盲的国家里是不能建成共产主义社会的。”[③]因此，列宁极力强调大力发展教育事业的重要性。与苏联情形类似，由于身陷长期战争环境，大多数工农出身的中共干部都没有机会接受系统的文化学习，以致新中国成立之初，全国领导干部中竟然有一半以上都没有达到初中文化水平，遑论普通百姓。为此，毛泽东、周恩来等新中国领导人多次强调教育的重要性。1949 年 12 月，中共中央召开了新中国第一次全国教育工作会议，会议确立了教育必须为国家建设服务，向工农大众开门的方针。[④] 然而，正如新生的社会主义建设事业筚路蓝缕、历经波折一样，新中国的高等教育事业发展并非一帆风顺，它也经历了一个不断探索、曲折发展的过程。新中国不同历史时期总体特征都给高等教育事业打下了深深的烙印，下面就围绕我国高等教育历史发展促进创新主体转向进行相应探讨。

“旧中国高等院校数量少、分布也不合理，院系设置脱离实际，课程设置庞杂。”[⑤] 据统计，1949 年我国高等学校在校学生人数为 11.7 万

---

① 列宁全集（第 34 卷）［M］. 北京：人民出版社，2017：144.

② 刘佩弦. 20 世纪马克思主义史——从十月革命到中共十四大［M］. 北京：人民出版社，1994：53.

③ 列宁选集（第 4 卷）［M］. 北京：人民出版社，1995：294.

④ 王泉. 中国共产党干部教育创新研究［M］. 北京：人民出版社，2011：62.

⑤ 当代中国研究所. 中华人民共和国史稿（第 1 卷）1949—1956［M］. 北京：人民出版社，2012：248.

人，而中等专业技术学校在校学生人数只有 7.7 万人。新中国成立伊始就确立了“教育必须为国家建设服务、学校必须向工农开放”的方针，我国高等教育开启了接管先前国民政府官办高校和私人高校（包括教会学校）、改革旧的教育制度、内容和方法的历史进程。随着社会主义改造的完成，社会主义制度在我国得以最终确立，1956 年中共八大提出，“我们国内的主要矛盾，已经是人民对于建立先进的工业国的要求同落后的农业国的现实之间的矛盾”[①]。据此，党和全国人民的主要任务就被确立为“把我国尽快地从落后的农业国变为先进的工业国”[②]，然而，当时我国的国民教育水平十分落后：新中国成立之初人口识字率只有 20%，这种教育状况难以完成社会主义建设的历史任务。为此，我国对所有高校学校、中等技术学校和师范学校等在校学生免费提供教学活动，并通过冬学、识字班和业务学校等多种形式，大力开展扫盲运动。在此基础上，我国一方面大力鼓励海外留学人员回国发展高科技，这些海归也极大地促进了我国基础学科的高等教育发展，例如，23 位“两弹一星”元勋中有 21 人是“海归”；另一方面，我国也积极向苏联、东欧等社会主义国家派出了大批留学人员，以造就国家建设的骨干人才。以此为基础，我国将发展工程技术教育作为我国教育事业的重中之重，中等专业教育比照高等教育进行管理，一同被纳入教育部管理，这也成为我国教育的一大特色。与波澜起伏的中国社会经济主义建设进程一样，由于受到政治运动的干扰和冲击，新中国高等教育也经历了大起大落的发展过程，但相较于建国之初，我国的高等教育还是取得了难以比拟的历史进步。1965 年高等学校在校学生达到 67.4 万人，比 1949 年增长 476%；而中等专业技术学校在校学生人数达到 39.2 万人，比

---

① 中共中央文献研究室．建国以来重要文献选编（第 9 册）［M］．北京：中央文献出版社，1994：341.

② 学习“八大”文件参考资料［M］．长春：吉林人民出版社，1956：1.

1949 年增长 409%。[①] 高等教育与工程技术教育并重的高教特色伴随了改革开放前的整个历史时期，并对以后的高等教育产生了深远影响。

改革开放一经确立，“以经济建设为中心的社会主义现代化建设”就成为党和国家的工作中心，“中国要发展，经济是中心；经济要振兴，科技是关键；科技要进步，教育是基础。”[②] 正如邓小平同志所说，“我们要实现现代化，关键是科学技术要能上去，发展科学技术，不抓教育不行。靠空讲不能实现现代化，必须有知识，有人才。”[③] 因此，1977 年我国开始恢复中断了十年的高考制度，人才选拔和培养工作得以全面展开，重视知识、重视人才成为社会新风尚，优秀人才上升通道得以打通，这就为科技人才队伍建设奠定了基础。为了加快实现社会主义现代化建设，早在 20 世纪 80 年代后期邓小平同志就提出了“科学技术是第一生产力”的重要论断；随后我国确立了科教兴国、人才强国和建设创新型国家等支撑战略。通过这些有力举措，中国科学技术得到了长足发展，科学技术对经济的推动作用不断增强。通过“国家调节市场，市场引导企业”，有计划的商品经济有所发展，然而，先前僵化计划经济体制的残留——诸如农民与工人、工人与干部之间的身份关系——依然深深地影响着改革开放之初的高等教育培养方向，高等教育也在一定程度上异化为充实领导干部队伍的重要途径，少数知识精英能够有机会进入高校学习，因而具有明显的精英化色彩。例如，1985 年我国高等教育入学率（20—24 岁大学学生）为 1.7%，居世界 110 位左右；每 10 万人口大学生数（普通高等学校加上成人高等学校学生数）

---

① 国家统计局国民经济综合司．新中国五十年统计资料汇编［M］．北京：中国统计出版社 1999：232.

② 中共中央宣传部理论局．当代中国马克思主义研究巡礼（中）［M］．北京：人民出版社，1995：651.

③ 易文军，李树全．邓小平之路［M］．北京：人民出版社，2004：414.

只相当于印度的 1/2、南朝鲜的 1/10，居世界 90 多位。[①] 与精英创新的早期逻辑相观照，莘莘学子接受的多属应试教育，他们参加高考的目的和动机在很大程度上是实现“跳农门”，也即将高考视作个人向上攀升的社会阶梯，毫无疑问，这种彰显社会身份、脱离生动活泼的社会实践的高等教育属于典型的精英教育。然而，精英教育缺乏群众基础，建基其上的精英创新也就难以推动我国科技的持续发展。

随着我国经济体制改革推进，党的十四大报告中明确提出了经济体制的改革目标，“我们要建立的社会主义市场经济体制，就是要使市场在社会主义国家宏观调控下对资源配置起基础性作用，使经济活动遵循价值规律的要求，适应供求关系的变化”[②]。此后，中国市场化改革全面铺开，教育产业化则推动了高校扩招，“2000 年高等教育在校生达到 650 万人左右，每 10 万人口中，大学生数提高到约 500 人，18—21 周岁学龄人口毛入学率提高到 8% 左右”[③]，这极大地夯实了科技创新的人才基础。而随着 2001 年底我国加入 WTO，市场在资源配置中的决定性作用越来越明显，自费留学日益形成风潮，进一步推动了我国高等教育的发展，更多社会精英将自己的子女送往国外留学，据公开资料显示，“从 1978 年到 1999 年的 20 年间，（我国）出国留学生就已经达到 32 万人。”[④] 而据我国教育部官网公布数据，2002 年到 2018 年的 17 年间，（我国）出国留学人员高达 540.5 万人，仅 2018 年度我国出国留学人员总数就达 66.21 万人，其中自费留学高达 59.63 万人，本科生占比高达 60%。[⑤] 本科留学浪潮表明，我国高等教育依然保留浓厚的精英教育色彩，这是与我国精英创新的中后期逻辑相适应的。需要说明的是，经过

① 谢明干，罗元明. 中国经济发展四十年［M］. 北京：人民出版社，1990：289.
② 中国共产党第十四次全国代表大会文件汇编［M］. 北京：人民出版社，1992：22.
③ 许耀桐. 中国基本国情与发展战略［M］. 北京：人民出版社，2001：364.
④ 王政挺. 明明白白去留学［M］. 北京：人民出版社，2004：36.
⑤ 资料来源：https：//www.chinanews.com/gn/2019/03-27/8792349.shtml.

多次的高等教育体制改革，我国高等教育飞速发展，“高等教育毛入学率由2010年的26.5%提高到2016年的42.7%，加快进入人才强国和人力资源强国行列。”[①] 这表明我国高等教育开始了经由量变到质变的过程，“发达的高等教育，使知识创新活动不再是少数精英阶层的特权，而成为全民的实践，这为新科技革命的实现创造了最重要的基础。”[②] 党的十九大报告提出：“人人渴望成才、人人努力成才、人人皆可成才、人人尽展其才”[③]，这个倡议重新诠释了群众创新的内涵，也体现了现代系统创新理念，有利于我国开创生动活泼的群众创新局面。这也表明，我们正在经历精英创新转向群众创新的历史进程，高速发展的高等教育为创新主体转向奠定了群众基础。

综上所述，精英创新发展至今，对我国经济推动作用已经越来越不明显了。以党的十八大为界，先前的高速增长经济模式至此谢幕，此后经济增长速度大幅回落。党中央及时作出了中国经济进入了新常态的重大研判，并且提出了创新驱动发展战略。“新常态经济是创新驱动型的经济，我们必须将提升科技创新能力和应用转化能力放在促进形成新常态经济的核心位置。”[④] 先前那种建立在脑力劳动和体力劳动分工基础上、由少数精英进行研发，广大群众被动执行的精英创新就需要改革了。按照马克思主义唯物史观，人民群众是历史的推动者，因此，我们“要充分尊重群众的首创精神，广泛开展群众性技术革新活动”[⑤]，群众创新观就建立在群众首创精神基础上。在党的十九大报告中，公有制经

---

① 党的十九大报告辅导读本［M］．北京：人民出版社，2017：204，170.

② 吴基传．领导干部信息网络化知识读本［M］．北京：人民出版社，2001：75.

③ 中华人民共和国第六届全国人民代表大会第四次会议文件汇编［M］．北京：人民出版社，1986：24.

④ 国家行政学院经济学教研部．中国经济新常态［M］．北京：人民出版社，2015：13.

⑤ 胡锦涛．坚持走中国特色自主创新道路，为建设创新型国家而努力奋斗——在全国科学技术大会上的讲话［M］．北京：人民出版社，2006：22.

济主体地位得到再次确认，它为群众创新蓬勃发展奠定了最为重要的经济基础。由此可见，社会主义初级阶段公有制经济和非公有制经济的辩证关系成为我国科技创新主体转化的内在依据。

第 10 章　科技创新中主权转向

科技创新是“自主”还是“非自主”？这个问题是民族国家科技创新的首要问题。毫无疑问，这个问题实际上关系到我国科技创新发展路向的主权性质问题。作为非自主创新的两种具体形态，“他主创新”和“主他创新”共存于主体间性（主体间性的含义涉及自我与他人、个体与社会的关系）中。“他主创新”是指创新主体受控于外在主体目的、意图和利益而进行的创新。“他主”表明主体是受控的，被他者控制和主宰，主体与他者之间形成一种控与被控的强制关系，主体客体化造成主体性丧失，因而他主创新是处于他者掌控中。具体而言，科技先进国家基于自己利益考量将全球价值链的中、低端科技成果转移出本国，技术落后国家在引进这些科技成果的基础上进行跟随性、模仿性创新，此类科技创新仍受控于科技先进国家。“主他创新”则是指创新主体为控制外在主体而进行的创新。“主他”表明主体是主控的，控制和主宰他者，主体与他者之间形成一种主控的强制关系，主控地位强化主体性，因而主他创新服务于主体操控他者目的。具体而言，科技先进国家基于自身利益不断开发全球价值链的前端高科技成果，通过不断创新保持科技领先地位，再通过这些科技成果勒索那些科技落后国家，此类科技创新由科技先进国家自身开发和垄断。然而，正如“狱卒和囚犯”一样是不自由的，“他主创新”和“主他创新”都是不自主的。所谓“过犹不及，依乎中庸”。“自主创新”则是指创新主体按照本国目的、意图和利益而进行的创新，这种创新既不受他国操控，更无操控他国的意图，即本国依托自己的科研力量，瞄准并开拓全球价值链高端的前沿科技，进行同步或引领性的科技创新。国家能够通过自主创新来追求和维护本国利益，因此，自主创新实质为国家经济主权独立奠定了坚实基础。可见，科技创新主权问题关系到民族与国家的经济独立。下面联系新中国成立以来我国对外经济战略变化，具体阐释我国科技创新主权的转向。

第 1 节　军工导向的自主创新

我国科技创新主权意识的产生，与近代中国历史密切相关。近代以来，中国积贫积弱，屡遭西方列强欺凌。为救亡图存，无数仁人志士抛头颅洒热血，努力探索国家出路。其中，洋务派在中国近代史上留下浓墨重彩的一笔，他们认为中西差距仅在技艺落后，自己的武器装备不如西方，于是，秉承“制器练兵”“御侮自强”“富国强兵”的宗旨，掀起了轰轰烈烈的洋务运动，时间跨度长达三十多年，试图通过学习西方科学技术来挽救风雨飘摇的晚清政府。为此，他们兴办军事工厂、送学生出国留学、聘请外国技师、译洋书兴洋学、购置西洋武器，装备了以北洋水师为代表的清政府的海军。然而，1894 年中日甲午战争，北洋水师遭遇惨败，几近覆没，洋务运动宣告失败。北洋水师的覆没，除了清政府腐败无能之外，科技主权的丧失也是主要原因之一，后者导致清政府海军所购置的洋炮洋舰设计缺陷甚多，在与日本的实战中暴露无遗。由此彰显了一个朴素道理：落后就要挨打。毛泽东同志曾经评价过这段历史，“我国从 19 世纪 40 年代起，到 20 世纪 40 年代中期，共计 105 年时间，全世界几乎一切大中小帝国主义国家都侵略了我国，都打过我们，除了最后一次，即抗日战争由于国内外各种原因，以日本帝国主义的投降告终以外，没有一次战争不是以我国失败、签订丧权辱国的条约而告终”。[①]

脱胎于半殖民地半封建社会的新中国，经济基础可谓是一穷二白，生产力水平极其低下且分布极不均衡。1956 年随着社会主义三大改造任务基本完成，社会主义制度在我国得以确立。回顾近代中国一再挨打的屈辱史，其中既有制度落后的原因，也有技术落后的原因。社会主义制度确立基本解决了社会制度落后的问题，相应地，经济技术极度落后的问题就凸显出来。中共八大确认当时社会主要矛盾已经是人民对于建立先进的工业国的要求同落后的农业国的现实之间的矛盾。显而易见，新中国经济要实现以工业化为主要内涵的现代化，关键在于尽快改变科技极度落后的尴尬现状。为此，毛泽东同志一再告诫全党同志，“我们应当以可能挨打为出发点来部署工作，力争在一个不太长的时间内改变我国社会经济、技术方面的落后状态，否则，我们就要犯错误。”[②] 他要求我们党在各项工作中要建立在独立自主的根基上，一定要摆正自力更生与争取外援的关系，“自力更生为主，争取外援为辅，破除迷信，独立自主地干工业、干农业、干技术革命和文化革命，打倒奴隶思想，埋葬教条主义，认真学习外国的好经验，也一定研究外国的坏经验——引以为戒，这就是我们的路线。”[③] 由此可见，建设社会主义事业，科

① 毛泽东．毛泽东著作选读（下册）[M]．北京：人民出版社，1986：848.

② 毛泽东文集（第 8 卷）[M]．北京：人民出版社，1999：341.

③ 中共中央文献研究室．关于建国以来党的若干历史问题的决议注释本 [M]．北京：人民出版社，1983：556.

技主权怎么强调都不为过，即使是在苏联对华援助期间，我国也从来没有放弃独立自主地开展科技工作，将科技工作放在自力更生的基点上，有条不紊地进行各项科技工作布局。

科学技术要自主，组织架构需先行，所谓“筑巢引凤”，科研组织架构好了，科研人员才有归属感和认同感。中华人民共和国刚成立不久，中共中央就提出了“集合科技人才，开展科学布局，建设科研机构，实现重点突破”[①] 的科研战略决策。1949 年 11 月，在接收和改造先前的“中央研究院”“北平研究院”及其附属机构的基础上，将它们合并成立中国科学院，1954 年，中国科学院被确立为国家最高学术机关，成为全国科学研究的中心，并在各级地方政府设立了诸多附属的地方科研机构。1950 年 8 月，中华全国自然科学专门学会联合会和中华全国科学技术普及协会成立，1958 年，两会合并，一个统一的全国科研人员的组织——中国科学技术协会——成立了，随后，大量地方科学技术协会也得以成立。至此，一个以中国科学院和中国科学技术协会为塔尖，以地方科学院和科学技术协会为塔基的垂直型的科研管理组织架构初步形成。于是，一批声望卓著的新老科学家聚拢在这些新的科研主管机关以及科研组织中，他们为新中国培养出第一批科研人才队伍和科研梯队，为社会主义经济建设打下了良好的基础。更令人感动的是，许多功成名就的海外华人科学家，受建设社会主义新中国的感召，放弃国外优越生活，不顾西方重重阻挠，历经尽千辛万苦回到祖国，参与中华人民共和国的科学技术现代化建设。

然而，西方国家为了将新生的中华人民共和国扼杀在摇篮中，千方百计地封锁科学技术进入新中国；相反地，新中国得到了苏联在科学技

---

① 李丽亚，李莹. 国家科技计划体系及其管理的演变［J］. 中国科技论坛，2008（8）：6 - 11.

术方面的大力援助。后来，随着中苏交恶，苏联撤走了援助的专家和技术资料等。面对西方国家在科技上的“卡脖子”行为和苏联在科技援助上的“抽梯子”行为，中共第一代领导人更加坚信，发展科学技术必须始终将基点置于独立自主的基础上。中国屈辱的近代史告诉我们，落后就要挨打，更进一步，新中国落后的科学技术现状也警示我们，科技发展速度慢了同样要挨打。因此，新中国科技发展不能走寻常路，不能跟随他国科技亦步亦趋，“不能走世界各国技术发展的老路，跟在别人后面一步一步地爬行。我们必须打破常规，尽量采用先进技术”[①]。由此，基于打破常规、赶超发展的科技新思路已形成。按照世界新兴国家科技发展的历史经验与教训，科学技术基础薄弱的国家，既要坚持独立自主发展科学技术的原则，又不能关起门来发展科学技术，应该跟踪和学习成熟的国际前沿科学技术，对其进行消化、吸收和转化，以大大缩短自己进行全新探索的时间，进而节省大量宝贵的科研经费。通过这种花费少、效果明显的科学技术发展途径，可以较快地缩小同发达国家科技水平的差距，德国、日本以及苏联的发展历程都是例证。

科技赶超战略确定以后，应采用什么策略赶超西方发达资本主义国家科技水平呢？答案就是重点发展，对象就是社会主义建设中关系重大的科技项目，特别是以“两弹一星”为代表的国际前沿科技，以点带面渐次发展。为达成这个战略策略，我国第一个五年计划提前顺利完成，强化了计划的作用。1956 年，国务院成立了科学规划委员会，专事制定全国性中长期的科学发展规划。为了编写新中国首个科技计划，科学规划委员会集合 600 多位科技专家，反复论证，编写出《1956—1967 年科学技术发展远景规划纲要（草案)》(以下简称《12 年科技规划》)。该纲要重申了独立自主发展科技的原则，确定了 5 项重要科学

① 毛泽东著作选读（下册）[M]. 北京：人民出版社，1986：849.

技术研究任务，600 多个研究课题。在向科学进军的号召下，全体科技人员团结协作，以忘我精神进行科研攻关，至 1963 年基本完成《12 年科技规划》中的绝大部分任务，且已应用于社会主义生产建设中。随着美苏冷战的加剧，国际形势发生了重大变化，同时，我国社会主义建设局面也较以前出现重大变化，在这种背景下，加快科技发展、缩小与世界科技发达国家的差距已经刻不容缓了。为此，在《12 年科技规划》所取得成就的基础上，新中国又制定了《1963—1972 年科学技术发展远景规划》（简称 10 年科技规划）。期间由于中苏关系生变，10 年规划确立了“自力更生，迎头赶上”的方针，试图实现科技的大跃进。

具体而言，我国科技发展主要通过政府作出统一计划，确定科技发展方向目标，确定科研任务负责人，组建科研团队、筹措科研经费以及确定科研任务实施时间节点等。需要说明的是，我国在制定科学发展规划时，为了实现尖端科技的自主创新，坚持了以下一些重要原则：首先，在组织原则上，坚持高层决策、统一领导；其次，在协作精神上，发扬大力协同、联合攻关；最后，在发展方针上，坚持军民结合、平战结合。这种计划导向的自主创新极大地推动了我国科技事业的发展。我国的尖端科技事业迅速发展，在不长时间内取得了震惊世界的重大成就，主要体现在 20 世纪六七十年代以“两弹一星”为代表的科研创新，成功打破了霸权国家的核威胁和核垄断，为社会主义建设事业提供了国防保证，极大地提高了我国国际地位。然而，赶超驱动的自主创新后期在指导思想上出现偏差，即片面强调自主性，以至上升到意识形态高度，从而混淆了政治与科技的界限，最终发展至从事科研工作要政治挂帅，大力批判“白专”道路，并以意识形态之故断然拒绝与西方开展科技交流，片面排斥西方先进科技成果。因此，我国在前改革开放时期的科技布局存在较大的扭曲，主要表现为：较之于国防军工科技，我国的一般工业科技较为落后；而较之于重工业科技（与国防军工科技联系紧密），我国的轻工业科技水平较为落后，特别是民生领域的科技更为落后，这种不均衡状况在相当程度上影响了我国经济整体发展。

第2节　民生导向的他主创新

毫无疑问，军工导向的自主创新催生出以“两弹一星”为代表的国防科技成果，它使我国在国际事务中举足轻重，从而显著地增强了我国的国际影响，极大地提升了我国的国际地位，同时，军工导向的自主创新也为我国后来大力发展经济提供了国防安全保证。然而，这种自主创新是以高积累、低消费模式为支撑的，这种模式首先在一定程度上影响了产业结构，即重视重工业（重重）、轻视轻工业（轻轻）、轻视农业（轻农），农轻重产业结构比例严重失调；其次，这种模式长期过度压抑消费，即为支持国家军备建设，全国人民勒紧裤腰，长期维持极低消费需要，这种模式导致人们的生活长期得不到改善。随着这种模式的固化，生产和消费之间的鸿沟越拉越大，高积累、铺摊子建设同低消费、低经济效益的矛盾影响了社会再生产的顺利进行，这种模式也就难以长期维持。随着时间的推移，世界格局正在发生重大变化，时代主题也在悄然发生转换。到20世纪70年代中后期，业已形成的核恐怖平衡让核大国都忌惮爆发直接冲突，广大亚非拉等发展中国家纷纷通过民族解放运动获得主权独立，这就为世界和平夯实了政治基础，而科技革命的迅猛发展为世界各国增强综合国力提供了难得的契机。发展才是硬道理，因此，时代主题已由战争与革命转换为和平与发展。

随着时代主题的转换，党的工作中心也开始向经济建设转移，“坚持以经济建设为中心，坚持四项基本原则，坚持改革开放”的基本路线也得以确立。与之相适应，我国的社会主要矛盾也随即转变，1981年党的十一届六中全会对我国社会主要矛盾作了新的表述，即社会主要矛盾已经转变为人民日益增长的物质文化需要同落后的社会生产之间的矛盾。这既澄清了社会主义的根本目的是解放和发展生产力，也凸显了民生领域的欠账太多。基于两点论与重点论的辩证关系，尽快解决民生领域的短板成为党和国家的当务之急。为此，我国吹响了向科学进军的号角，中共中央、国务院提出了“科学技术是第一生产力”的新论断，开始大力实施“科教兴国、人才强国”的战略。这些论断和战略说明党和政府高度重视科学技术创新的问题，为使它们能够落地，党中央、国务院制定了科技总方针：“经济建设必须依靠科学技术、科学技术必须面向经济建设”。至此，科学技术创新的方向得以指明，即主要解决民生领域的科学技术创新问题，提高科学技术服务于民生的能力。然而，由于先前军工导向的自主创新，我国的科技创新主要体现在国防军工领域，民生领域的科技创新大大滞后了。军工科技与民生科技之间落差很大，两者之间断层严重，而当时市场不发达，很难在两者之间快速构筑起有机联系，因此，军工领域的科学技术难以转化为民生领域的科学技术，这也意味着民生领域的科技创新必须另辟蹊径。

事实上，我国改革开放适逢西方滞胀危机的深化过程中。由于产能严重过剩，西方发达国家正积极寻求经济转型，新自由主义国际秩序加速形成。为清理过剩生产能力，代表新保守主义的里根、撒切尔等政府大幅提高基准利率，这在他们国内引起大量中小型实体企业破产，使拉美地区发展中国家深陷债务危机。作为市场经济的处女地，中国改革开放引起了国际金融垄断资本极大的兴趣，后者拟将中国纳入其全球布局。于是，在国际金融垄断资本操控下，西方向外围地区大规模转移全球价值链低端产业，特别是向中国。反过来，对中国而言，为加快经济增长以摆脱短缺经济，使国民经济结构协调发展，进而调整各类产业中科技要素布局，增强科技对经济发展的贡献，我国也需要通过对外开放来承接西方这波产业转移，以及由它们带来的西方技术转移。为此，中国试图通过市场换技术，积极引进外资，大量成立“三资”企业。为减少对国外进口的依赖，我国积极发展进口替代，努力提高国产化水平。这就要求我国外贸企业通过引进外资，积极进行跟踪模仿。然而，这种跟踪模仿的技术在我国属于创新，在西方却是属于价值链低端的淘汰科技。我国实施进口替代战略，目的是为了摆脱对西方技术的依赖，但依然落入了国际金融垄断资本布局的国际分工体系中，因而，此阶段的模仿创新实质是一种他主创新。

其时，中国由于内部市场狭小，科技创新处于全球价值链低端，总体水平又不高，所以只能出口粗加工产品。受限于国内外市场的局限性，进口替代战略未能取得相应的成功。根源在于他主性质的模仿创新不能为开拓国内外市场提供科技支撑，因而也就难以显著促进我国经济增长。进口替代战略的内向性质及其在拉美地区实践的失败引起了我国的反思，党的十三大指出，“必须根据国际市场的需要和我国的优势，积极发展具有竞争力、见效快、效益高的出口产业和产品，大力提高出口商品的质量，合理安排出口商品结构，多方位地开拓国际市场，以争取出口贸易较快地持续增长……进口的重点要放在引进先进技术和关键设备上。凡是适宜于国内生产的重大设备和其他产品，要努力提高产品质量和性能，做到立足于国内。积极发展替代进口产品的生产，采取必要的政策和措施，加快国产化进程。”① 以进口替代作为物质技术基础，以出口导向拓展外部市场，从而带动整个国民经济发展，出口导向战略与进口替代战略相互结合，进一步开阔了我国对外开放的思路。此后，

① 中国共产党第十三次全国代表大会文件汇编［M］. 北京：人民出版社，1987：26.

我国大力发展以“三来一补”[①] 加工业务为主体的外贸产业。在其推动下，我国外贸连年顺差，由此带动国民经济驶上了高速发展的快车道。随着国民收入增加，国内市场得到进一步发展。在中国居民消费不断升级换代的推动下，中国市场引起了国际金融垄断资本的关注，诸多处于全球价值链中端的产业也开始向中国转移，某些居民消费领域科技水平开始追赶发达国家水平，比如家用电器、家用轿车等，因此，中国科技创新实现了梯级攀升。这些中端科技创新仍然处于国际金融垄断资本掌控范围，在性质上它们依然属于他主创新。

伴随外贸扩张而来的经济高速增长，新重商主义进一步强化了出口导向战略，我国经济更深地融入了经济全球化进程。然而，他主创新发展至今，“造不如买，买不如租”思维也日益盛行，致使他主创新的内外部环境发生了巨大变化：一方面，作为世界体系中心地区的西方日益转型为“金融工厂”；而作为世界体系外围地区的最大发展中国家——中国则型构为全球最大的“制造工厂”。西方国家由于掌握了国际价值基准，不断通过金融创新创造大量美元、欧元、日元等定价的金融工具，这些工具也是外围地区进入西方市场的通行证。通过出口导向政策，我国向西方出口大量价廉物美的商品，积累起巨额外汇储备，中国制造实质上成为他主创新代名词。他主创新大多是针对资源消耗型的科学技术，其带来的工业污染已经远远超出了我国环境承载能力。这种建立在资源消耗基础上的要素驱动、投资驱动经济增长模式不可持续，这就是他主创新困境的内因。另一方面，改革开放前期，中西方科技水平差距较大，西方易于操控我国；到如今，中国有些领域的科技水平已经赶上国际前沿了，于是西方对我国引进先进科技装备不断设防。我国发展到现在这个阶段，不仅从别人那里拿到关键核心技术不可能，就是想

① 指来料加工、来样加工、来件装配和补偿贸易。

拿到一般的高技术也是很难的。[①] 事实上，西方科学技术保护主义兴起主要源于随着改革开放的深入，我国与西方科技水平的差距不断缩小，过去三十多年，我国发展主要靠引进上次工业革命的成果，基本是利用国外技术，早期是二手技术，后期是同步技术。[②] 显而易见，这是他主创新困境的外因。另外，他主创新也不符合我国未来目标，如果现在仍采用这种思路，不仅差距会越拉越大，还将被长期锁定在产业分工格局的低端。[③]

第 3 节　军民融合的综合创新

事实上，西方大肆挥舞科学技术保护主义的大棒，千方百计地控制和垄断尖端前沿科技，诸如在国际经贸往来中，栽赃我国将引进西方民用技术用于军事目的、诬陷我国科学家（包括一些华人科学家）窃取西方科学机密、对我国科技公司在西方的国际直接投资无端设置各种障碍等，追根溯源，都是因为这些先进科技是维持西方霸权的物质技术基础，是实现主他创新的前提条件。随着他主创新在我国的推进，我国民生领域的科技水平与西方差距越来越小，西方的恐慌心理就越来越强烈，因而频繁对我国正常的科学技术交流设置障碍。由于民生导向的他

① 中共中央文献研究室．习近平关于科技创新论述摘编［M］．北京：中央文献出版社，2016：50.

② 中共中央文献研究室．习近平关于科技创新论述摘编［M］．北京：中央文献出版社，2016：35.

③ 中共中央党史和文献研究院．习近平关于总体国家安全观论述摘编［M］．北京：中央文献出版社，2018：154.

主创新所受掣肘越来越多，代价越来越大，因而难以承担起我国经济现代化的战略任务。我们不能总是指望依赖他人的科技成果来提高自己的科技水平，更不能做其他国家的技术附庸，永远跟在别人的后面亦步亦趋。[①] 如何突破他主创新的困境？所谓“问题和解决问题的手段同时产生”，西方科学技术保护主义再度激活了我国科技创新的主体意识（或自我意识），党中央也再次将自主创新提上议事日程，强调科技创新是提高社会生产力和综合国力的战略支撑，必须把科技创新摆在国家发展全局的核心位置，坚持走中国特色自主创新道路，敢于走别人没有走过的路，不断在攻坚克难中追求卓越，加快向创新驱动发展转变。[②]

毫无疑问，中国特色自主创新并不是简单重复新中国成立之初的自主创新，它的内涵与昔日的自主创新已有非常大的不同。从本质上来讲，中国特色自主创新应该称之为综合创新。需要说明的是，这种综合创新并非简单的调和，而是一种创造性转化与综合。这种综合性首先体现在主权上，它既坚持科学技术的自主创新，也不排斥引进、借鉴西方先进科学技术，但是中国特色自主创新必须以自主创新为前提基础。在此基础上，这种综合性又体现在军工和民生两个不同的领域上，它既注重民生领域的科技创新，也注重军工领域的科技创新，并且这两个领域科技的综合创新并非两张皮的关系，而是水乳交融、互促互推。前者主要体现在科技创新的军民结合上面，而后者则强调科技创新的军民融合上面，军民结合与军民融合虽是一字之差，意义却大相径庭：军民结合意味着科技的综合创新仅在军工领域和民生领域在接界处发生，而军民融合则表示科技创新在两个领域高度渗透，你中有我，我中有你，军民

---

① 中共中央党史和文献研究院．习近平关于社会主义社会建设论述摘编［M］．北京：中央文献出版社，2017：174.

② 中共中央文献研究室．习近平关于科技创新论述摘编［M］．北京：中央文献出版社，2016：25.

两用，两者之间是一种内在有机的联系。

这里简要回顾一下军民融合的历史。1994 年，美国在《军民一体化的潜力评估》研究报告中率先提出“军民融合”的概念，要求民用科技产业与国防军工业同向发展，形塑一个有机融合的国家科技创新体系。事实上，军民融合是一个历史范畴，它是在“民参军”和“军转民”的基础上发展而来，主要表现为战争时代的“民参军”：为了迎合战争的需要，参战双方都会将诸多科技成果由先前的民用转向军事用途，诸如民用飞机改造成战斗机、拖拉机改造成坦克、商船改造成战舰等。比较典型的例子是，第二次世界大战时，苏联通过民间的航空俱乐部和航空运动学校培养了一大批飞行爱好者，从而为苏联空军提供源源不断的后备力量。在和平时代主要表现为“军转民”：由于军事领域广泛地集中了世界最前沿最尖端的高科技成果，将它们应用于生产将会极大地提高社会生产力，转变为巨大的经济效益。诸如战时的核技术，就会转化为和平时代的核能开发与利用。还有就是美国国防部的阿帕网（ARPA），即当下如火如荼的 Internet 互联网，它极大地改变了社会的经济 - 技术范式。随着信息时代的来临，军民融合时机才得以成熟，充分涌流的民间科技思想能够源源不断地提供给军工领域，反过来，采撷众家之长的军工技术再转化为民用科技，又会在更大程度上推动民用科技的发展。比如，卫星技术既可作民用，又可用于国防军事；再如，和平时代的高速公路，平时可供民间使用，战时又可作军事用途——起降战斗机。

军民融合就我国而言，同样经历了一个不断发展的历程。早在 1958 年，毛泽东同志就提出了“军民结合，平战结合”的方针，开始有意识地改革军工科技单向发展的倾向，由此开启了我国军民融合的进程。然而，在那个阶段，由于备战需要，我国国民经济都是以服务战备为导向的，军工科技与民用科技差距甚大，军民融合多体现在军民角色融合上面，诸如生产建设兵团、民兵组织等。那时军民融合的内涵非常单薄，几乎没有涉及军工科技与民用科技的融合问题。改革开放以后，邓小平同志进一步提出“军民结合、平战结合、军品优先、以民养军”的方针，军工科技与国民经济相互结合开始加强，军民融合水平有了一定程度的提高。随着市场化改革不断推进，维持军队日常运转的预算拨款缺口越来越大，军转民进程开始提速，许多军工科技企业开始转制。这导致军队业务主次不分，在相当程度上影响了军工科技的发展。20 世纪 90 年代以后，江泽民同志和胡锦涛同志分别提出和落实“军民结合、寓军于民”等，及时阻止了军转民过程中的泛市场化倾向，要求进一步规范和充实军民融合的水平。

一般而言，军工领域集聚了一个国家最尖端最先进的科学技术。在和平与发展的时代主题下，特别是在全球化、信息化和市场化的冲击下，诸多民生领域的科学技术发展平台实现了飞跃，科技水平得到了极大地提高，除了一些非军莫入的限制性领域，很多民生领域科技水平并不比军工领域科技水平差，甚至有些方面还超越了军工科技，这种趋势越来越明显，军工科技与民生科技的界限越发模糊。历史发展又行进到一个新的关口：从内部情形来看，我国经济经过多年高速增长，他主创新极大地缩小了民生领域与军工领域的科学水平差距，为军民高水平融合打下了坚实的基础。从外部情形来看，以美国为首的西方发达国家的军民融合开展得有声有色，通过军民一体化创新，积极推动军工科技创新与民生科技创新的良性相互促进。综合考虑国内国际情势发展，中共中央研判我国已经进入了中国特色社会主义新时代。为此，2015 年我国首次将军民融合发展提升到了国家战略的层面，以应对全球新一轮不断加速推进的产业革命和科技革命，通过综合创新更好地融合军工科技和民生科技发展，聚集开发和推广军工领域和民生领域共用性强的关键共性科技，诸如大数据技术、无人机共性技术、北斗卫星导航技术等，最终实现国民经济发展和国防军工发展的良性互动。

作为中国特色社会主义国家，我国毕竟不同于西方国家，这突出表现在军民融合的“民”上面：西方国家的军民融合中的“民”主要是私人企业或资本所有者，因此，它们的军民融合主要是通过政府采购或订货的国家垄断资本实现的。我国的军民融合中的“民”既有作为主体的国有企业，又有活跃的民营企业，因此，我国的军民融合采取的是“国家领导、市场运作”的实现形式。因此，中共中央专门建立了中央军民融合发展委员会，习近平同志亲自担任该委员会主任，这既有利于加强对军民融合发展的顶层设计和统一领导，进而打破军工民生二元分离的管理体制，又有利于充分发挥我国能够集中力量办大事的社会主义政治优势——坚定不移走中国特色自主创新道路。这条道路是有优势的，最大的优势就是我国社会主义制度能够集中力量办大事，这是我们成就事业的重要法宝，过去我们搞“两弹一星”等靠的是这一法宝，今后我们推进创新跨越也要靠这一法宝。[①] 至此，中国特色自主创新道路的历史转向表明：自主创新优先发展军工科技，从而为他主创新主导的民生科技提供和平保障，而他主创新拉近了民生科技与军工科技的差距，这就为实现军民融合的综合创新创造了条件，最终实现经济社会发展和国家安全相统一的战略目标。

---

① 中共中央文献研究室．习近平关于科技创新论述摘编［M］．北京：中央文献出版社，2016：35.

第11章　科技创新中主导转向

作为一种可组织、又不可完全组织的社会化行为[①]，科技创新属于现代化范畴，其自身具有明显的无目的的合目的性[②]特征。民族国家科技创新由谁主导成为科技创新发展路向的又一个思考领域。事实上，作为现代化范畴的科技创新起源于资本主义社会，高度发达的产业分工是资本主义生产方式形态演变的必然结果。自由资本主义时期，在机械技术的平台上，内部分工不甚清晰，现场管理尚属前科学管理时期的经验管理，这个阶段的科技创新任务都由一线熟练技术工人承担，这种分散的、原子式的创新被称之为离散创新。国家垄断资本主义时期，科学管理兴起，在电气技术的平台上，垄断集团内部各个关联企业工程师通力协作，集体攻关重大科技创新，科技创新任务主要由垄断集团内部工程师来承担，这种科技创新也被称为关联创新。而国际金融垄断资本主义阶段，经济全球化时代来临，在网络信息化技术平台上，通过国际金融垄断资本操控，全球科技人才、创新要素协同工作，极大地缩短了基础研究转向应用研究的周期，科学家成为这个阶段科技创新任务的承担

① 这里是指，对于建立在社会分工高度细化基础上的现代科技创新，内在地需要某种社会机制来组织和协调；然而，科技创新的结果又具有一定程度的不可预测性，往往会越出先前的社会规划，所谓“计划赶不上变化”。

② 康德．判断力批判［M］．北京：人民出版社，2002：72.

者，故这种科技创新被称为协同创新。可见，随着资本主义生产方式嬗变，科技创新的组织化、社会化程度越来越高。考虑到资本主义必定属于市场经济，但市场经济不一定属于资本主义，因此，资本主义科技创新总体上是市场创新主导的结果。新中国成立以来，随着社会主要矛盾的变化，科技创新的重点也在发生变化，在这里，我们需要对新中国成立以来科技创新主导形式的历史演变做详细考察。

第1节 政府主宰模式

要理解新中国科技工作导向的由来，我们首先要对比一下旧中国科技工作的情形。众所周知，在半殖民地半封建的旧中国，科技水平极其落后。首先是科技基础十分薄弱：落后的社会制度不但阻碍了社会生产力发展，而且遏制了科技发展的动力；其次是科技工作自由散漫：旧社会的科技工作者人数极为有限，而且这个群体主要凭借个人兴趣和爱好各自为战地开展科研工作，因而属于典型的离散创新；再次是科研内容脱离现实：社会生产力的落后难以支撑科研工作的开展，后者又得不到政府的重视，科技人员不得不按照自己的好恶，跟随在欧美等发达国家后面从事形而上的基础科研工作，这种在小圈子里为研究而研究的导向日益脱离实际生活；最后是科学发展极其不平衡：如上所述，由于科研工作脱离社会实践，致使应用科学无用武之地，即使有少数科技人员从事应用性研究，也非服务于人民。因而应用科学和理论科学发展极其不平衡。随着中华人民共和国的成立，旧社会留下来的知识分子全被接收下来。要改变这些知识分子的研究取向，首先要改变他们的世界观和立场，使他们的研究服务于新中国建设和服务于人民生活。为此，中国共产党对他们采取了“团结、教育、改造”的政策，这些知识分子很快转型为适应新社会需要的新型知识分子。

要使科技工作者服务于国家经济建设和服务于人民生活，面向社会生产第一线，能够将科研与社会实际密切联系，就必须想办法让他们尽快走出封闭狭隘的个人主义小圈子，将他们组织起来，纠正先前那种自由散漫、脱离实际和各行其是的不良研究倾向。按照马克思主义有关科学的观点，首先科学要生活化，即科学是科学而不是玄学，避免为研究而研究的科学玄学化；科技思想的发展，不能脱离现实生活的需要，科学研究务必密切联系社会生活中的实际需要。其次科学要大众化，即科学不应成为小圈子文化，“理论一经掌握群众，也会变成物质的力量，理论只要说服人，就能掌握群众”。[①] 因此，科学要成为生产力，就应该成为普罗大众的事业。最后科学要组织化，即科学研究不能自行其是，致使科研力量内耗和分散；基于为国家建设服务的宗旨，科学研究工作应由国家计划统一协调。因此，新中国成立不久，就在接收原“中央研究院”和“北平研究院”的基础上，成立了中国科学院，中央政府将科技发展计划管理权赋予中国科学院，中国科学院既是最高科学技术管理机构，也是最高学术机构，这种双肩挑模式克服了先前科研工作的盲目性，强化了科技工作的集体性和计划性。在当时的历史背景下，中国科学院代行政府科技管理职能有利于集聚和整合全国极为有限的科技力量，将它们用于解决当时最为紧要的科研问题。这种科研管理模式，极大地推动了科技工作的发展，相应地，也推动了“一五计划”的高效完成。

20 世纪 50 年代中期，国内外科技形势发生了重大变化，进一步提

---

① 马克思恩格斯选集（第 1 卷）[M]. 北京：人民出版社，1972：9.

高科技发展的计划性和统一性提上议事日程。从国际科技发展情形来看，20 世纪 50 年代，以原子能、计算机技术为代表的新科技革命在西方世界风起云涌，新中国第一代领导人极其敏锐地体察到这一波的新科技革命的世界浪潮，也正确意识到和评估了新中国科技水平与西方世界科技水平的巨大差距，奋起追赶西方先进科技水平的急迫感油然而生——“我们必须急起直追，力求尽可能迅速地扩大和提高我国的科学文化力量，而在不太长的时间里赶上世界先进水平。这是我们党和全国知识界、全国人民的一个伟大的战斗任务。”① 从国内科技发展要求来看，1956 年底，新中国社会主义三大改造顺利完成，它标志着以公有制为基础的社会主义制度的建立，社会主义公有制内在要求对各项工作进行统一计划管理。与此相适应，1956 年党中央吹响了“向科学进军”的号角，毛泽东同志指示，“我国人民应该有一个远大的规划，要在几十年内，努力改变我国在经济上和科学文化上的落后状况，迅速达到世界上的先进水平”②。鉴于国家对科技的迫切需求，我们必须将全国的科技因素调动起来，组织和动员一切科技力量，依靠国家化导向的科学建制，由政府聚拢和发动科技队伍，下拨科研经费，并确立科技未来的发展方向、规模和任务目标等。事实上，政府介入干预科技发展的科研管理体制，亦称政府科技管理模式，它能够适应大科学时代的需要，也是大科技管理的最高表现形式。

时移世易，先前的中国科学院双肩挑的科技管理模式已不能适应新形势的需要，改组势在必行。1954 年，中国科学院回归学术本位，被定位为国家最高学术机构，相应地，各部委各司其职，建立起自己主管的行业性科研组织，这样就形成了中国科学院、高等院校、行业科研组

① 周恩来选集（下卷）［M］. 北京：人民出版社，1984：180.

② 中共中央文献研究室. 毛泽东文集（第 7 卷）［M］. 北京：人民出版社，1999：2.

织以及地方科研机构等科研系统，而这种板块式科研系统又助长了离散化倾向。因此，1956 年国务院又陆续成立了科学规划委员会和国家技术委员会，从国家层面来协调各个科研组织（1958 年上述两会合并为中华人民共和国科学技术委员会），科学规划委员会被确立为专门负责制定全国科技方针、政策、计划与规划等事务的国家领导机关，至此，新中国科技创新的政府管理体系最终完成。科研组织架构搭建完成后，1956 年，科学规划委员会制定出《12 年科技规划》。这是新中国第一个科技规划，党中央高度重视，按照“重点发展，迎头赶上”科技方针，着重解决我国工业化和国防现代化建设进程中的关键性问题。由于规划合理、组织得力，第一个全国科技规划提前 5 年完成。在此基础上，1963 年，中华人民共和国科学技术委员会又制定出《10 年科技规划》），在中苏交恶的历史背景下，提出了“自力更生，迎头赶上”的科技发展新方针。在社会主义公有制的经济基础上，我国政府通过行政力量，在全国范围合理调配和组织人、财、物及自然资源用于科学攻关，缩小了我国与世界先进科技水平的巨大差距。

可见，科技创新的政府管理模式主要是从国家层面通过行政力量对科技发展实行指令性管理，这有利于统一领导和推动科研攻关的组织、计划、资源配置以及任务执行等各个环节，也是计划经济体制在科学技术领域的体现。毫无疑问，这种模式是以社会主义公有制为依托，体现了全国一盘棋和集中力量办大事的社会主义优越性，从而为优先发展工业科技，特别是为国防军工科技统筹人力、财力和物力等提供了支撑因素。20 世纪六七十年代，我国以发射“两弹一星”为代表的军工科技，即是这种政府主宰的科技创新模式通过集中力量、统一攻关的成功例证。然而，政府主宰的科技创新模式负面作用也很强烈，其一，普遍的指令性计划使该模式会深深地打上国家领导人个人主观意志的烙印，以致反科学主义时时抬头，例如在科学规划制定中所定指标过高，战绩拉得过长，摊子铺得过多等，这就偏离了“重点发展”的科研方针。其二，这种模式也容易将科学问题与政治问题搅在一起，科学发展也屡屡受到政治运动的影响，这些在“大跃进”运动中表现得非常明显，致使《1963—1972 年科学技术发展规划纲要》的执行受到严重的冲击，给国家科技事业发展造成了巨大的损失。其三，这种模式有可能带来科技发展扭曲，比如工业科技、特别是军工科技发展得较快，民用科技相对落后，极大地影响了人们生活水平的稳步提高。

第 2 节　市场主导模式

随着时间的推移，到 20 世纪 70 年代末，全球的时代主题已由“战争和革命”转向“和平与发展”，政府主宰的科技创新模式越来越不符合新形势的需要，主要原因有以下几个：其一，时移世易，政府主宰的科技创新模式主要集中在国防军工领域，以及为其提供直接支撑的重工业领域，随着时代主题的转换，人民改善生活水平的诉求日益强烈，而民生领域科技创新严重滞后。其二，在政府主宰的科技创新模式中，科技工作者通常在体制内工作，具有干部身份，这种内在的身份关系使他们难以适应新形势的变化。其三，政府主宰的科技创新模式在很大程度上是适应当时中国总体生产力水平低下、文盲半文盲人口在总人口中占比较高的国情，而科研工作所需要的高深专业知识和技能处于工业生产体系的塔尖，对民生需求不甚敏感，难以适应新形势的需要。最后，在政府主宰的科技创新模式下，由于信息交流不完全不充分，政府作出的科研决策又需要通过一系列上传下达的计划审批程序，科研决策往往出现时滞，或者南辕北辙，这样，科研决策的最终结果就很可能违背决策者的初衷，甚至会适得其反。

党的十一届三中全会以后，党和国家确认我国仍处于并将长期处于社会主义初级阶段。为了尽快发展社会生产力、改善民生，我国决定实施“改革开放”新国策，通过对内改革、对外开放来促进经济现代化。实现社会主义经济现代化，提高科学技术是关键，为此，党和国家作出了“科学技术是第一生产力”的重要论断。相应地，科技对经济的促进作用必须进一步增强，这就要求科技要更加贴近经济、更加贴近民生。而市场的神奇之处就在于，它能够通过价格信号敏锐地识别供给与需求错位情况，更重要的是，它还能够通过竞争机制引导供给与需求的走向，培育市场、激活市场，通过市场发展经济和改善民生。在社会主义市场经济条件下，科技创新是提高市场竞争能力的主要手段，反过来，市场需求是引领驱动科技创新的主要途径。当然，从政府主宰科技创新到市场主导科技创新是一个自然历史过程，在这个过程中，市场从无到有，两者对科技创新的作用也就有着显著的差别。在这里，本文根据市场化发展的不同阶段，来刻画科技创新的不同特征。

改革开放之初，为了实现工业现代化（实际上是延续改革开放前的工业现代化任务，依然属于传统工业化阶段），我国揭开了内部经济体制改革的大幕，通过放权让利来激活经济主体，试图通过内部市场创新实现工业现代化。这种内部市场化导向的经济体制改革源起于农村，随后推及城市。“在农村中，从实行家庭联产承包责任制开始，废除人民公社制度，向家庭承包经营为基础的统分结合的双层经营体制转变；在城市里，进行了以企业为中心的全面改革，企业从放权让利，到利改税、到承包制、到全面建立自主经营、自负盈亏、自我约束、自我发展的现代企业制度，成为市场的微观主体和法人实体”。[①] 然而，计划经济体制遗留影响并不会在短期内消失，行政壁垒在社会中广泛存在，垂直型行政管理体系分割了市场。先前计划经济下的陈规旧制对我国内部统一市场的阻碍作用在市场经济中更显突出。市场化导向与行政本位之间不断加剧的矛盾强化了行业、部门或企业等个体利益，行业、部门或企业之间对于科技创新相互设障，科技创新出现了内敛化趋势。同时，基础工业水平落后又使产业难以形成有效梯度差，作为其支撑的科技创新的波及效应也不明显；另外，产业结构的脆弱性增强，进一步加剧了低水平的同质化竞争，这又增加了科技创新的保守性。在这个阶段，我国融入全球经济体系程度尚浅，对外开放对工业现代化推动作用并不明显。鉴于我国工业基础薄弱，内部市场创新与官僚体系之间又存在深刻矛盾，因此，在内部市场创新主导下，我国改革开放前期的科技创新组织形态呈现出原子化、离散化的组织状态。

随着经济体制改革的不断推进，内部市场创新在很大程度上纠正了先前的经济结构扭曲，逐步顺畅的经济循环推进了工业现代化，尤其值得一提的是，先前遭受产业结构不合理梗阻的重工业化也趋于完成。“中国工业结构的重工业化……在80年代后期加强基础工业的过程中得到了进一步推进，因而到90年代初期，以原材料等重化工业为重心的工业化阶段已基本完成。”[②] 至此，传统工业化已然完成了历史使命，中国工业制造能力已经具备参与全球竞争的能力。随着信息化浪潮的来袭，以互联网为代表的信息技术深深地渗入了社会生产方式，我国及时提出了“以信息化带动工业化，以工业化促进信息化，信息化与工业

---

① 董瑞华，唐珏岚．《资本论》及其手稿在当代的实践与发展［M］．北京：人民出版社，2013：241.

② 张亚斌．中国所有制结构与产业结构的耦合研究［M］．北京：人民出版社，2001：133.

化相融合”。[1] 这就标志着我国工业现代化进入第二个阶段：新型工业化阶段。信息化支撑的工业化内在地要求紧跟国际科技前沿，更深地融入全球化进程，因而需要一个更为广阔的外部市场。为此，我国于2001 年 11 月正式加入 WTO，对外开放成为主旋律，我国工业现代化进入外部市场创新推动阶段。

然而，加入 WTO 是一把双刃剑，中国制造在获得更大市场的同时，也需要“适应我国加入世贸组织的新形势，抓紧清理、修订和完善有关经济法律法规，提高透明度，建立和完善符合社会主义市场经济体制需要和国际通行规则的涉外经济管理体制。”[2] 一定程度上，它意味着政府对经济的主导权的削弱。在此背景下，我国制造能力整体水平与国际发达水平仍有较大差距，我国产品尚处于全球价值链中低端，没有从根本上改变我国处于世界外围的局面。外部市场创新与核心竞争力缺失之间的矛盾，无形中增加了全球价值链中低端经济体之间的竞争压力，因此，在外部市场创新主导下，我国改革开放后期的科技创新组织形态依然呈现为离散状态。

由此可见，改革开放至今，以中国加入 WTO 为分界线，整个工业现代化进程可以分为两段：加入 WTO 以前为第一阶段，这个阶段以传统工业化为主线，对内改革为主，对外开放为辅，“开放”服务于“改革”，科技创新组织形态由内部市场创新主导；加入 WTO 后为第二阶段，这个阶段以新型工业化为主线，对外开放为主，对内改革为辅，“改革”服务于“开放”，科技创新组织形态由外部市场创新主导。

无论是内部市场创新，还是外部市场创新，尽管主导逻辑不同，但

---

① 郭根山，祝念峰. 马克思主义工业化理论及其中国化进程［M］. 北京：人民出版社，2011：331.

② 苏星. 邓小平社会主义市场经济理论与中国经济体制转轨［M］. 北京：人民出版社，2002：525.

中性市场主导的我国科技创新都呈现为离散型组织形态，表明市场成为我国科技创新组织形态的主导者，目的都是推进特定阶段我国工业现代化任务。“世异则事异，事异则备变”，在当前新自由主义国际经济秩序下，国际金融垄断资本借助信息网络技术，极大地操控了全球经济，全球创新资源也籍由资本主宰的非中性市场重新配置，可见，国际金融垄断资本主宰下的科技创新具有越来越强的组织化程度和协同化程度。因此，在经济全球化和信息化的历史大背景下，市场主导的离散创新显得越来越不合时宜，科技创新的主导形态对民族经济发展的贡献至关重要。就我国而言，由市场创新主导的离散创新已经难以推动我国经济可持续发展，我国已然进入了经济新常态。

第3节　市政协同模式

如今，科学技术带给我们的冲击越来越强烈，它们在社会经济生活中的重要作用怎么强调都不过分。日新月异的科学技术革命不断改变着人们的生产生活方式，也成为综合国力的最主要体现。随着我国改革开放的深入推进，我国科学技术水平也随着经济实力增长而不断提高，且与西方发达国家的科学技术水平的差距日益缩小，西方发达国家的恐慌心理也就日益加剧。为了遏制中国的和平崛起，西方发达国家罔顾道义，它们不择手段、无所不用其极地对我国正常发展的科学技术进行打压和封锁，采取的打压形式不断翻新且打压力度不断加大。与此同时，科学技术本身的角色也在发生变化，它已由作为改变生产方式的手段变为生产方式的目的本身，由此可见，科学技术的发展又到了一个新的关口。党中央综合研判国内外新大势，进而做出重大的历史新分期论断，中国特色社会主义已经进入了一个新时代，其主要矛盾已经转化为人民日益增长的美好生活需要和不平衡不充分的发展之间的矛盾。新时代主要矛盾的解决就有赖于科学技术的大发展，为此，“党的十八大报告指出，科技创新是提高社会生产力和综合国力的战略支撑，必须摆在国家发展全局的核心位置。党的十八届五中全会将创新发展列为五大发展理念之首，指出必须把创新摆在国家发展的核心位置，并对实施创新驱动发展战略进行了深入部署。”①

科技创新的巨大意义已经得到阐明，接下来的问题就是如何为科技创新提供更好的管理服务。毫无疑问，由于国内外科技发展形势的变化，市场主导的科技创新由于各自为战，短期化行为越来越明显，随着时间的推移，科学技术的协同化要求日益增强，因此，市场主导的科技创新基本完成了其历史使命，其衍生出的各自为战的离散创新远远跟不上新时代的创新步伐。既然单纯由市场主导的科技创新模式已经难以为继，按照协同创新要求，那是不是意味着我们要恢复过去政府主宰的科技创新模式呢？毫无疑问，答案是否定的。政府主宰的科技创新模式只是特定时代的产物，因为政府宰治性过于强调上层意志，指令性计划与市场主体性又不能相容，而市场变化又是瞬息万变的，作为上层建筑的政府对其往往不敏感，难于捕捉市场给出的特定信号，科技资源也就难以及时合理配置。且政府主宰的科技创新模式的计划为刚性，而科技创新本身又存在极大的不确定性，这样就会放大不合理计划的灾难性后果。由此可见，政府主宰的科技创新模式不能适应中国特色社会主义市场经济的需要。综合考察这些情况，科技创新组织形态所内蕴的政府与市场的关系问题再次凸显。这要求我们在总结先前科技创新管理经验的

① 曹立．治国理政新理念：全面解读新发展理念［M］．北京：人民出版社，2016：39.

基础上，在更高层面提出更符合新时代要求的科技管理模式。

党的十九大把“习近平新时代中国特色社会主义思想”确立为我们党的指导思想，强调“必须坚持和完善我国社会主义基本经济制度和分配制度，毫不动摇巩固和发展公有制经济，毫不动摇鼓励、支持、引导非公有制经济发展，使市场在资源配置中起决定性作用，更好发挥政府作用”[①]。突出政府作用是国家治理现代化的重要内涵，这为科技创新中政府与市场关系问题指明了方向，为新时代科技创新管理指明了方向。“在推进科技体制改革的过程中，我们要注意一个问题，就是我国社会主义制度能够集中力量办大事是我们成就事业的重要法宝。我国很多重大科技成果都是依靠这个法宝搞出来的，千万不能丢了！要让市场在资源配置中起决定性作用，同时要更好发挥政府作用，加强统筹协调，大力开展协同创新，集中力量办大事，抓重大、抓尖端、抓基本，形成推进自主创新的强大合力。”[②] 至此，政府创新应成为新时代我国科技创新的主导。需要强调的是，在科技创新中，政府创新主导的协同创新是适应新时代要求而出现的，它既不同于市场创新主导的离散创新，更加不同于前改革开放时期政府全面主宰的集中创新，它意味着市场自发创新被政府统筹创新所涵容，“政府主导、市场筑基”成为新时代科技创新管理模式的主要特征，我们称之为科技创新的市政协同管理模式。

如前所述，科技创新的市政协同管理模式也并非凭空出世，它是在总结先前科技创新管理模式的经验基础上，纳入新时代的科技创新的要求而生成的体系。就政府主宰的科技创新管理模式而言，新时代的协同

---

① 习近平．决胜全面建成小康社会，夺取新时代中国特色社会主义伟大胜利——在中国共产党第十九次全国代表大会上的报告［M］．北京：人民出版社，2017：21.

② 何毅亭．以习近平同志为核心的党中央治国理政新理念新思想新战略［M］．北京：人民出版社，2017：55.

创新是一种跨领域的创新，它要求科研机构、企业、高校以及中介机构等各个部门各个环节尽其所长、优势互补，从而实现攸关整体利益（如国家利益）的重大科技创新。它借鉴了政府主宰的科技创新管理模式中的“举国体制”“集中力量办大事”等整体要素。当然，两者都是建立在社会主义公有制主体地位的基础上的。就市场主导的科技创新管理模式而言，协同创新的各子系统交互活动都要基于市场化原则运作，也即充分发挥市场在科技创新活动中的决定性作用，各部门各环节之间的责权利都要基于市场契约来规范明确，各个创新主体的收益都要与创新成果进行挂钩。只有强化科技人员的创新劳动同他们收益对接起来，才能释放出 1 + 1 > 2 的科技创新的整体生产力。就新时代的科技创新要求而言，新时代的科技意味着我们必须摆脱模仿创新和跟踪创新的模式，应该由跟跑到并跑，甚至在某些领域要实现领跑。因此，我们要坚持走中国特色自主创新道路，争取在基础科技领域、关键核心领域以及原始创新等方面取得重大突破，这是新时代赋予科技创新的新要求。

由此可见，科技创新的市政协同管理模式博采众长，能够适应新时代的科技创新发展要求，能从更高层面协调好政府与市场的关系。按照新时代中国特色社会主义的要求，市场在科技资源配置中起决定性作用，更好地发挥政府作用，这就表明：政府首先不应过多涉足科技创新过程中的具体事务；其次要做好引导、协调和服务工作，即政府一要做好科技创新方向的战略引导，政府所站层面高，总体信息也丰富，因此能够避免创新主体出现方向性错误，二要做好部门各环节的协调工作，协同创新所涉及的子部门子环节众多，政府由于利益中性的超越地位使其能够居中协调，加强它们之间的协作，实现整体利益最大化，三是做好科技创新的服务工作，为科技创新提供事前、事中和事后等全过程的服务，包括事前风险评估、事中的监督和事后的总结与再评估等，这能为科技创新创造优越的外部环境，从而型构一个“政府主导、市场运作、专业服务”的科技创新全生命周期服务体系。事实上，科技创新的市政协同管理模式能够均衡科学自主性和政府指导计划性，进而实现市场力量和政府作用的均衡，从而实现科技创新的演进过程与组织过程的良性互动。综上所述，在新时代中国特色社会主义情境中，科技创新的市政协同管理模式能够使政府与市场、以公有制为主体的多种所有制经济之间实现密切协作乃至良性竞争，最大限度地调动科技从业人员的工作积极性，从而建构起高效系统的科技创新举国体制。

尾　　论

《创新驱动发展战略的本根规定研究》一书试图从历史生产的视野中探讨创新驱动发展战略的多重规定性，为此，本书首先在人类有史以来的视域中，通过对农耕时代、大工业时代和后工业时代的技术创新活动的结构方式的考察，探索创新驱动发展战略的哲学根基，并在现代技术创新的基础上，确立其价值体系及价值评价。在人类发展史的基础上，本书对创新驱动发展战略的研究进一步聚焦，在自资本主义出现以来的视野中，通过回溯资本主义生产方式演变的历史、回溯世界和中国不堪重负的环境自然，以及回溯从生产者到用户再到相关利益者的创新主体扩张的民主化，进一步确立创新驱动发展战略的缘起。在资本主义发展史的基础上，本书继续聚焦研究创新驱动发展战略，在自新中国建立以来的视域中，通过对新中国成立以来的生产方式的历史演变考察，通过对创新驱动发展战略、供给侧结构性以及“一带一路”倡议三者之间关系的考察，通过对创新驱动发展战略的几对精神现象范畴的考察，确立我国创新驱动发展战略的演进路径。进而，在新中国发展史的基础上，本书最后将创新驱动发展战略研究焦点定格在提出建设中国特色社会主义以来的视域中，通过对改革开放新时期我国科技创新从精英创新到群众创新的考察，通过对军工导向的自主创新、民生导向的他主创新、军民融合的综合创新的考察，通过对政府主宰模式、市场主导模式和市政协同模式的考察，确证了我国创新驱动发展战略的未来走向。因此，人类发展史、资本主义发展史、新中国发展史和中国特色社会主义发展史就构成了本书的逻辑主线，分别串接起创新驱动发展战略的哲学根基、逻辑缘起、演变路径以及未来走向等。

本书最终的落脚点是，在我国创新驱动发展战略的实施过程中，科技创新的主体、主权和主导必须坚持民族立场和社会主义方向。就科技创新主体的社会主义性质而言，我国在实施创新驱动发展战略过程中，必须弘扬群众首创精神，确保科技创新的主体是人民大众，当然，这个人民大众涵容人民立场的科技人员，这样就能造成生动活泼的科技创新局面，永葆中华民族的科技创新力。就科技创新主权的社会主义性质而言，我国在实施创新驱动发展战略的过程中，必须坚持中国特色自主创新道路，确保科技创新的主权属于国家；为实现科技创新自主自足，我国必须践行军民融合的自主创新，军民一体、亦军亦民的科技创新能够形成开放型创新的主权内核，可见，军民融合是确保科技创新的高水平自立自强的最重要手段。就科技创新主导的社会主义性质而言，我国在实施创新驱动发展战略的过程中，必须坚持以“政府主导、市场运行”为内核的市政协同科技管理模式，因为我国政府性质是人民政府，政府主导奠定了新型举国体制的群众基础，从而能够支撑协同创新的社会化要求；而市场运行是中国特色社会主义市场经济的应有之义，由于我国当前生产力水平还没有发展到足够高的水平，物质利益依然是刺激生产主体的经济行为的有效手段，市场运行通过明确责权利关系，使协同创新能够经济高效地运行。由此可见，科技创新的主体、主权和主导的性质赋予其强烈的价值取向。

事实上，科技创新的价值取向与社会意义是与特定社会制度紧密相联系的，“在发达的资本主义国家里，科技革命意味着生产力的发展已达到与过时的生产关系及其捍卫者资产阶级国家发生日益深刻的矛盾的地步，客观上为社会的社会主义变革作了准备……在已走上社会主义道路的国家，科技革命的发展意味着加快社会进步。”[①] 由此可见，我们在探讨科技创新时，必须将其与中国当前社会制度相联系。考虑到我国尚处于社会主义初级阶段，“以社会主义公有制为主体、多种所有制经济共同发展”构成了我国当前阶段的基本经济制度。因此，我们应该在社会主义初级阶段基本经济制度的基础上探讨我国科技创新的发展路向。我们只有把握了科技创新的内涵逻辑，方能正确诠释科技创新的发展路向，而内涵逻辑能够体现马克思主义总体性思想。“总体的观点，使马克思主义同资产阶级科学有决定性的区别。总体范畴，是马克思取自黑格尔并独创性地改造成一门全新科学的基础的方法的本质”。[②]

事实上，我们是从总体性思维来把握科技创新范畴之间的演变：例如，我们以我国科技创新发展方向为例来剖析其总体性，我国科技创新发展路向的内涵逻辑是由主体、主权和主导等三位一体的有机总体结构决定的，因为科技创新主体是基础，它决定了科技创新的主权，而在两者型构的统一体基础上，又催生出了更为具体的科技创新的主导。而从具体结构看：首先，改革开放以来我国经济体制改革，特别是高等教育制度改革，计划经济残留的身份关系与市场化改革带来的所有制结构之间的激荡，引起了科技创新主体的演变——在精英创新基础上发展出涵容精英创新的群众创新。其次，考虑到我国对外开放是在新自由主义国际经济秩序下推进的，国际金融垄断资本为获取外围贡纳，极力排斥外围国家科技创新主权，这就与中国特色社会主义制度不断发生冲突，进而引起了我国科学技术创新的主权演变——在他主创新基础上发展出涵容他主创新的自主创新。最后，联系到我国工业化不同阶段以及相应的

① 费·瓦·康斯坦丁诺夫. 马克思列宁主义哲学原理（教科书）[M]. 北京：人民出版社，1985：419.

② 卢卡奇. 历史与阶级意识 [M]. 北京：商务印书馆，1992：76.

市场化导向，科技创新内蕴的内部市场化与官僚体系、外部市场化与核心竞争力等两对矛盾不断加剧，使得我国科技创新主导发生了演变——在市场创新基础上发展出涵容市场创新的政府创新。由此可见，在科技创新发展方向的总体性思维中，新范畴既涵容旧范畴，又进一步发展了旧范畴，因此，新范畴内涵规定更加丰富，指向性更明确，因为在我国科技创新诸范畴的生成过程中，科技创新主体构成、民族立场、治理方式的自我意识逐步觉醒。

2021 年 5 月 28 日，本书稿杀青，此际恰逢中国科学院第二十次院士大会、中国工程院第十五次院士大会和中国科学技术协会第十次全国代表大会在北京召开，习近平总书记在此次会议上发表重要讲话，突出强调实现高水平科技自立自强，并将后者作为新发展格局最本质的特征，这是继 2020 年 10 月底党的十九届五中全会作出“把科技自立自强作为国家发展的战略支撑”之后的重大突破，本书的研究指向高度契合了习近平总书记的讲话精神。事实上，2012 年 11 月上旬召开党的十八大时，中共中央就首次提出“坚持走中国特色自主创新道路、实施创新驱动发展战略”，提出自主创新这项面向新的历史发展阶段的重大战略决策意味着中央领导集体对当时国内外经济形势及未来变化作了准确研判，未雨绸缪地作出这项重大决策。为了将创新驱动发展战略落到实处，2016 年 5 月 19 日，党中央国务院又印发了《国家创新驱动发展战略纲要》。这份纲领性文件对于我国创新驱动发展做出了顶层设计和整体部署，明确了该战略的战略背景、战略要求、战略部署、战略任务、战略保障和组织实施六大部分，随后西方对我们科技创新发展极力打压，印证了党和国家在这场科技创新的国际博弈中下了先手棋——强调通过创新驱动实现高水平科技自立自强。由此可见，创新驱动发展战略的主权导向，对于我国立足新发展阶段、贯彻新发展理念、构建新发展格局、推动高质量发展，都具有举足轻重的作用。

科技创新自立自强既可说顺势而为，也可算是被动出台。众所周知，美国特朗普政府频频掀起对华经贸打压，屡屡违背市场公平贸易原则，频频举起贸易制裁大棒，粗暴地对我国出口美国的大宗商品征收高额关税。在新自由主义国际经济秩序下，这场冲突表面上看是中美贸易结构不平衡问题，实质却关乎到我国的经济主权问题。这是因为，随着我国出口商品的科技含量不断提高，经济自主能力显著上升，美国感觉难以像从前一样操控中国生产体系，操控能力的下降也就意味着美国全球霸权基础遭到削弱。因此，中美贸易谈判的最大症结，就聚焦于我国科技发展战略。为了维护其霸权的物质技术基础，美国对于中国科技发展变得异常敏感，近乎疯狂地阻止其高精尖技术和产品向中国输出，不断采用极限施压的手段对我国科技发展战略横加干涉，其最终目的就是不惜一切代价地扼制中国科技自主发展。比如，美国挥舞知识产权大棒，对我国高科技通讯企业中兴公司实施肢解；美国不但自己动手而且利用其全球影响力，无所不用其极地遏制华为公司的发展；更为出格的是，我国作为一个主权独立的国家，美国竟然在贸易谈判中追加阻止我国实施 2025 年高科技发展计划的条款。可见，科学技术（特别是尖端科技）既是我国经济自主性的前提和保证，也是霸权国家经济寄生性和食利性的物质载体和技术支撑。

习近平总书记在两院院士中国科协第十次全国代表大会上的讲话，回应了美国特朗普政府对我国科技创新主权的无端打压：“科技创新成为国际战略博弈的主要战场，围绕科技制高点的竞争空前激烈。”他要求我国科技工作者要“弄通‘卡脖子’技术的基础理论和技术原理”，要“推动关键核心技术自主可控”。本书观点与此相印证：“拥有国际前沿尖端科技是确保创新主权的前提基础，而垄断这些科技则是西方霸权的物质技术基础”。习近平总书记在讲话中进一步强化了科技创新主权的重大意义：“科技立则民族立，科技强则国家强”，“我们坚持党对科技事业的全面领导”，“我国自主创新事业是大有可为的！努力实现高水平科技自立自强”，“要加大基础研究财政投入力度”，“要健全社会主义市场经济条件下新型举国体制，充分发挥国家作为重大科技创新组织者的作用”，“科技是发展的利器，也可能成为风险的源头。塑造科技向善的文化理念，让科技更好增进人类福祉。”本书关于科技创新的主体、主权和主导的社会主义方向，可以为习近平总书记的这些重要论断作注脚。

习近平总书记的这些论断为新时代我国科技创新发展指明了方向，即我国必须“立足新发展阶段、贯彻新发展理念、构建新发展格局、推动高质量发展，必须深入实施科教兴国战略、人才强国战略、创新驱动发展战略，完善国家创新体系，加快建设科技强国，实现高水平科技自立自强。”①

① 习近平．在中国科学院第二十次院士大会、中国工程院第十五次院士大会、中国科协第十次全国代表大会上的讲话［M］．北京：人民出版社，2021：8.

参考文献

1. 1844 年经济学哲学手稿［M］. 北京：人民出版社，1985.

2. 2017 全国两会记者会实录［M］. 北京：人民出版社，2017.

3. Andrew Feenberg. Questioning Technology［M］. Routledge，1999.

4. Stiglitz，Joseph E. Economic Foundations of Intellectual Property Rights［J］. Duke Law Journal，2008.

5. Stiglitz，Joseph E. Prizes，Not Patents［EB/OL］. http：//www. project－syndicate. org/commentary/stiglitz81/English. 2012－10－10.

6. Sulston，J. & Stiglitz，Joseph E. Science is Being Held Back by Outdated Laws［N］. The Times，2008－07－05.

7. 埃里克·冯·希贝尔. 民主化创新［M］. 北京：知识产权出版社，2007.

8. 布雷弗曼. 劳动与垄断资本：二十世纪中劳动的退化［M］. 北京：商务印书馆，1978.

9. 曹立. 治国理政新理念：全面解读新发展理念［M］. 北京：人民出版社，2016.

10. 陈永正. 马克思的生产工具思想及其当代启示［J］. 南京政治学院学报，2015（5）.

11. 陈云文选（第 2 卷）［M］. 北京：人民出版社，1995.

12. 成长春，杨凤华．协调性均衡发展：长江经济带发展新战略与江苏探索［M］．北京：人民出版社，2016.

13. 当代中国研究所．中华人民共和国史稿（第1卷）1949—1956［M］．北京：人民出版社，2012.

14. 党的十九大报告辅导读本［M］．北京：人民出版社，2017.

15. 迪努艾地．论马克思主义［M］．北京：人民出版社，1962.

16. 董瑞华，唐珏岚．《资本论》及其手稿在当代的实践与发展［M］．北京：人民出版社，2013.

17. 恩格斯．自然辩证法［M］．北京：人民出版社，1971.

18. 恩格斯．自然辩证法［M］．北京：人民出版社，2015.

19. 费·瓦·康斯坦丁诺夫．马克思列宁主义哲学原理（教科书）［M］．北京：人民出版社，1985.

20. 冯国瑞．整体论的发展形态及其重要意义［N］．光明日报，2008-4-22.

21. 龚育之，杨春贵，石仲泉，周小文．重读邓小平（下卷）［M］．北京：中共中央党校出版社，2004.

22. 共产党宣言（纪念版）［M］．北京：人民出版社，2018.

23. 郭根山，祝念峰．马克思主义工业化理论及其中国化进程［M］．北京：人民出版社，2011.

24. 国家统计局国民经济综合司．新中国五十年统计资料汇编［M］．北京：中国统计出版社，1999.

25. 国家行政学院经济学教研部．中国经济新常态［M］．北京：人民出版社，2015.

26. 国务院．中共中央、国务院关于深化体制机制改革加快实施创新驱动发展战略的若干意见［M］．北京：人民出版社，2015.

27. 何毅亭．以习近平同志为核心的党中央治国理政新理念新思想新战略［M］. 北京：人民出版社，2017.

28. 赫尔曼·E. 戴利. 生态经济学——原理与应用［M］. 郑州：黄河水利出版社，2007.

29. 洪银兴. 以创新驱动加快科学发展［N］. 河南日报，2012－11－07.

30. 胡锦涛. 坚持走中国特色自主创新道路，为建设创新型国家而努力奋斗——在全国科学技术大会上的讲话［M］. 北京：人民出版社，2006.

31. 胡锦涛. 坚定不移沿着中国特色社会主义道路前进，为全面建成小康社会而奋斗——在中国共产党第十八次全国代表大会上的报告［M］. 北京：人民出版社，2012.

32. 中共中央文献研究室. 建国以来重要文献选编（第1册）［M］. 北京：人民出版社，1992.

33. 康德. 判断力批判［M］. 北京：人民出版社，2002.

34. 李丽亚，李莹. 国家科技计划体系及其管理的演变［J］. 中国科技论坛，2008（8）.

35. 李学勇. 我国科技事业取得长足发展和进步［N］. 经济日报，2009－9－18.

36. 李扬，张晓晶. 论新常态［M］. 北京：人民出版社，2015.

37. 列宁全集（第34卷）［M］. 北京：人民出版社，2017.

38. 列宁选集（第3卷）［M］. 北京：人民出版社，2012.

39. 列宁选集（第4卷）［M］. 北京：人民出版社，1995.

40. 林岗. 中国经济增长的条件变化分析［J］. 理论探索，2014（3）.

41. 林轩. 我国企业成为科技领域研究开发活动的主体［J］. 石油化工设备，2004（4）.

42. 刘爱文，艾亚玮. 新经济地理学和批判经济地理学的分异[J]. 当代经济研究，2009（10）.

43. 刘爱文，王碧英. 资本主义生产组织模式的演进与创新[J]. 当代经济研究，2015（7）.

44. 刘贵访. 论社会生产力[M]. 北京：人民出版社，1988.

45. 刘佩弦.20世纪马克思主义史——从十月革命到中共十四大[M]. 北京：人民出版社，1994.

46. 卢卡奇. 关于社会存在的本体论（下）[M]. 重庆：重庆出版社，1993.

47. 卢卡奇. 历史与阶级意识[M]. 北京：商务印书馆，1992：76.

48. 马建堂. 全面认识我国在世界经济中的地位[N]. 人民日报，2011-3-17.

49. 马克思、恩格斯、列宁、斯大林思想方法论[M]. 北京：人民出版社，1963.

50. 马克思. 共产党宣言[M]. 北京：人民出版社，2018.

51. 马克思. 机器。自然力和科学的应用[M]. 北京：人民出版社，1978.

52. 马克思. 哲学的贫困[M]. 北京：人民出版社，1965.

53. 马克思恩格斯全集（第1卷）[M]. 北京：人民出版社，1956.

54. 马克思恩格斯全集（第3卷）[M]. 北京：人民出版社，2002.

55. 马克思恩格斯全集（第4卷）[M]. 北京：人民出版社，1972.

56. 马克思恩格斯全集（第23卷）[M]. 北京：人民出版社，1972.

57. 马克思恩格斯全集（第42卷）[M]. 北京：人民出版社，2016.

58. 马克思恩格斯全集（第46卷）[M]. 北京：人民出版社，1980.

59. 马克思恩格斯文集（第1卷）[M]. 北京：人民出版社，2009.

60. 马克思恩格斯文集（第2卷）［M］. 北京：人民出版社，2009.

61. 马克思恩格斯文集（第4卷）［M］. 北京：人民出版社，2009.

62. 马克思恩格斯文集（第5卷）［M］. 北京：人民出版社，2009.

63. 马克思恩格斯文集（第7卷）［M］. 北京：人民出版社，2009.

64. 马克思恩格斯选集（第1卷）［M］. 北京：人民出版社，1972.

65. 马克思恩格斯选集（第1卷）［M］. 北京：人民出版社，1995.

66. 马克思恩格斯选集（第2卷）［M］. 北京：人民出版社，1972.

67. 马克思恩格斯选集（第2卷）［M］. 北京：人民出版社，1995.

68. 马克思恩格斯选集（第2卷）［M］. 北京：人民出版社，2012.

69. 马克思恩格斯选集（第4卷）［M］. 北京：人民出版社，1995.

70. 毛泽东文集（第6卷）［M］. 北京：人民出版社，1999.

71. 毛泽东文集（第8卷）［M］. 北京：人民出版社，1999.

72. 毛泽东著作选读（下册）［M］. 北京：人民出版社，1986.

73. 党的十八大报告辅导读本［M］. 北京：人民出版社，2012.

74. 党的十八大以来治国理政新成就（上册）［M］. 北京：人民出版社，2017.

75. 宋涛. 政治经济学（上卷第1分册）［M］. 北京：人民出版社，1983.

76. 苏星. 邓小平社会主义市场经济理论与中国经济体制转轨［M］. 北京：人民出版社，2002.

77. 孙小礼. 科学技术与世纪之交的中国［M］. 北京：人民出版社，1997.

78. 毛泽东. 毛泽东著作选读（下册）［M］. 北京：人民出版社，1986：848.

79. 汪宗田. 马克思主义制度经济理论研究［M］. 北京：人民出版社，2014.

80. 王泉. 中国共产党干部教育创新研究 [M]. 北京：人民出版社，2011.

81. 吴基传. 领导干部信息网络化知识读本 [M]. 北京：人民出版社，2001.

82. 习近平. 决胜全面建成小康社会，夺取新时代中国特色社会主义伟大胜利——在中国共产党第十九次全国代表大会上的报告 [M]. 北京：人民出版社，2017.

83. 习近平. 为建设世界科技强国而奋斗——在全国科技创新大会、两院院士大会、中国科协第九次全国代表大会上的讲话 [M]. 北京：人民出版社，2016.

84. 习近平. 习近平谈治国理政（第2卷）[M]. 北京：外文出版社，2017.

85. 习近平. 在企业家座谈会上的讲话 [M]. 北京：人民出版社，2020.

86. 习近平. 在中国科学院第二十次院士大会、中国工程院第十五次院士大会、中国科协第十次全国代表大会上的讲话 [M]. 北京：人民出版社，2021：8.

87. 谢富胜. 控制和效率：资本主义劳动过程理论与当代实践 [M]. 北京：中国环境科学出版社，2012.

88. 谢明干，罗元明. 中国经济发展四十年 [M]. 北京：人民出版社，1990.

89. 许涤新. 政治经济学辞典（上册） [M]. 北京：人民出版社，1980.

90. 许耀桐. 中国基本国情与发展战略 [M]. 北京：人民出版社，2001.

91. 学习“八大”文件参考资料 [M]. 长春：吉林人民出版

社，1956.

92. 杨叔子．绿色教育：科学教育与人文教育的交融［J］．教育研究，2002（11）．

93. 易文军，李树全．邓小平之路［M］．北京：人民出版社，2004.

94. 张亚斌．中国所有制结构与产业结构的耦合研究［M］．北京：人民出版社，2001.

95. 中共中央党史和文献研究院．习近平关于社会主义社会建设论述摘编［M］．北京：中央文献出版社，2017.

96. 中共中央党史和文献研究院．习近平关于总体国家安全观论述摘编［M］．北京：中央文献出版社，2018.

97. 中共中央党史研究室．中国共产党的九十年（社会主义革命和建设时期）［M］．北京：中共党史出版社，2016.

98. 中共中央文献研究室．毛泽东文集（第7卷）［M］．北京：人民出版社，1999.

99. 中共中央文献研究室．习近平关于科技创新论述摘编［M］．北京：中央文献出版社，2016.

100. 中共中央文献研究室．关于建国以来党的若干历史问题的决议注释本［M］．北京：人民出版社，1983.

101. 中共中央文献研究室．建国以来重要文献选编（第9册）［M］．北京：中央文献出版社，1994.

102. 中共中央文献研究室．习近平关于社会主义经济建设论述摘编［M］．北京：中央文献出版社，2017.

103. 中共中央宣传部．习近平总书记系列重要讲话读本（2016）［M］．北京：学习出版社，人民出版社，2016.

104. 中共中央宣传部理论局．当代中国马克思主义研究巡礼（中）

[M]. 北京：人民出版社，1995.

105. 中国共产党第十九届中央委员会第四次全体会议公报 [M]. 北京：人民出版社，2019.

106. 中国共产党第十三次全国代表大会文件汇编 [M]. 北京：人民出版社，1987.

107. 中国共产党第十四次全国代表大会文件汇编 [M]. 北京：人民出版社，1992.

108. 中国科学技术协会. 中国科学技术协会第九次全国代表大会文件 [M]. 北京：人民出版社，2016.

109. 中国人民政治协商会议第十三届全国委员会第三次会议文件 [M]. 北京：人民出版社，2020.

110. 中华人民共和国第六届全国人民代表大会第四次会议文件汇编 [M]. 北京：人民出版社，1986.

111. 周恩来选集（下卷）[M]. 北京：人民出版社，1984.

112. 资本论（第 1 卷）[M]. 北京：人民出版社，2004.